本书的出版得到国家自然科学基金地区项目“农村居民节能行为形成机理与节能激励政策研究——基于江西的抽样调查”（项目批准号：71663032）的资助。特此感谢！

江西师范大学
区域创新与创业研究中心学术丛书

RESEARCH ON THE FORMING MECHANISM OF RURAL RESIDENTS' ENERGY-SAVING BEHAVIOR AND ENERGY-SAVING INCENTIVE POLICY

农村居民节能行为形成机理与节能激励政策研究

滕玉华◎著

图书在版编目（CIP）数据

农村居民节能行为形成机理与节能激励政策研究/滕玉华著. —北京：经济管理出版社，2020.10
ISBN 978-7-5096-7567-0

Ⅰ. ①农… Ⅱ. ①滕… Ⅲ. ①农村—居民生活—节能—研究—中国 Ⅳ. ①D669.3

中国版本图书馆 CIP 数据核字（2020）第 175525 号

组稿编辑：丁慧敏
责任编辑：丁慧敏
责任印制：黄章平
责任校对：陈晓霞

出版发行：经济管理出版社
（北京市海淀区北蜂窝 8 号中雅大厦 A 座 11 层 100038）
网 址：www. E-mp. com. cn
电 话：（010）51915602
印 刷：北京虎彩文化传播有限公司
经 销：新华书店
开 本：710mm×1000mm /16
印 张：14
字 数：244 千字
版 次：2020 年 11 月第 1 版 2020 年 11 月第 1 次印刷
书 号：ISBN 978-7-5096-7567-0
定 价：59.00 元

·版权所有 翻印必究·
凡购本社图书，如有印装错误，由本社读者服务部负责调换。
联系地址：北京阜外月坛北小街 2 号
电话：（010）68022974 邮编：100836

前 言

节能对于保护和改善环境，促进经济可持续发展有重要作用。党和政府高度重视节能，将节能作为我国的基本国策，实施把节约放在首位的能源发展战略。20世纪末，我国政府开始关注居民节能，政府相继出台了一系列激励居民节能的政策措施。居民是生活用能的主体，随着居民生活水平的提高，居民生活能源消费需求不断增长。2000~2017年居民生活能源消费量增长了3.45倍。2017年农村居民人均生活用能量首次超过城镇以及全国的人均生活用能量。可见，我国居民生活能源需求增长的主要来源是农村居民。随着我国农村居民收入水平和生活质量的不断提高，农村居民生活能源消费水平还有较大的增长空间。因此，引导农村居民在生活中节约能源对于推进我国生态文明建设至关重要。

农村居民是农村生活能源消费的主体，引导农村居民节能是推进我国居民节能工作的关键。因此，我们有必要从农村居民角度探讨：农村居民节能意识是如何产生的？农村居民节能行为受到哪些因素的影响？这些因素又是如何影响农村居民节能行为的？如何有效激励农村居民节能？笔者认为，准确回答这些问题是政府有效激励农村居民节能、进一步完善节能政策的基础前提。2016年8月26日，首批国家生态文明试验区公布，江西、福建和贵州三省成为第一批国家生态文明试验区。鉴于此，本书以农村居民为研究对象，以有效激励农村居民节能为目标，基于江西农村居民的调查数据，研究农村居民节能行为的形成机理，探究不同类型节能政策工具对农村居民节能行为的影响，可以为引导农村居民节能的政策开发与优化提供理论依据，改善农村人居环境，推进我国农村可持续发展。

本书是国家自然科学基金地区项目“农村居民节能行为形成机理与节能激励政策研究——基于江西的抽样调查”（项目批准号：71663032）的研究成果之一，共分为十二章。

本书付梓之际，要感谢的人很多！首先，感谢华南农业大学国家农业制度与发展研究院院长罗必良教授在项目研究过程中给予的指导。其次，感谢参与本项目研究的课题组成员，他们是：南昌航空大学经济管理学院的刘长进博士、江西师范大学财政金融学院的李世财副教授、广东财经大学经贸学院的陈燕副教授以及笔者的硕士研究生张轶之、刁佳遥、张钊、任钰亲、李小红、范世晶、邓慧、陈丹妮等。最后，感谢江西农业大学三农问题研究中心主任陈昭玖教授、江西师范大学商学院全体同仁的帮助。

目 录

第一章 导 论

第一节 研究背景

节能对于保护和改善环境，促进经济可持续发展有重要作用。党和政府高度重视节能，将节能作为我国的基本国策，实施把节约放在首位的能源发展战略。与此同时，节能也成为学术界研究的热点，国内学者对我国工业节能进行了许多富有成效的研究（史丹，2006；陈诗一，2011；林伯强，2010；蔡昉等，2008；魏楚等，2010）。

20 世纪末，我国政府开始关注居民节能，政府相继出台了一系列激励居民节能的政策措施。如 2007 年“节能减排全民行动实施方案”、2009 年“节能产品惠民工程”、2014 年“居民阶梯电价”等。随着居民生活水平的提高，居民生活能源消费需求不断增长，居民生活能源消费量从 2000 年的 16695 万吨标准煤增长到 2017 年的 57620 万吨标准煤，增长了 3.45 倍（《中国能源统计年鉴》）。2000~2017 年我国能源消费总量、生活能源消费量以及生活能源消费量占能源消费总量的比重如图 1-1 所示。从生活能源消费量占我国能源消费总量的比重来看，2000~2007 年我国生活能源消费量在能源消费总量中所占比重在不断下降，2008 年和 2009 年我国生活能源消费量所占比值呈现出上涨的态势，2010 年开始下降，随后生活能源消费量所占比重表现出上升的趋势，从 2010 年的 9.58%上升到 2017 年的 12.85%。随着我国经济发展和居民收入水平的提高，居民生活用能量在未来仍有较大的增长潜力。因此，引导居民节能对于我国生态文明建设、促进我国经济可持续发展具有重要意义。

居民是生活用能的主体，人均生活能源消费量是衡量一国居民能源消费水平的重要指标。2000~2017 年我国人均生活能源消费量如图 1-2 所示。从图 1-

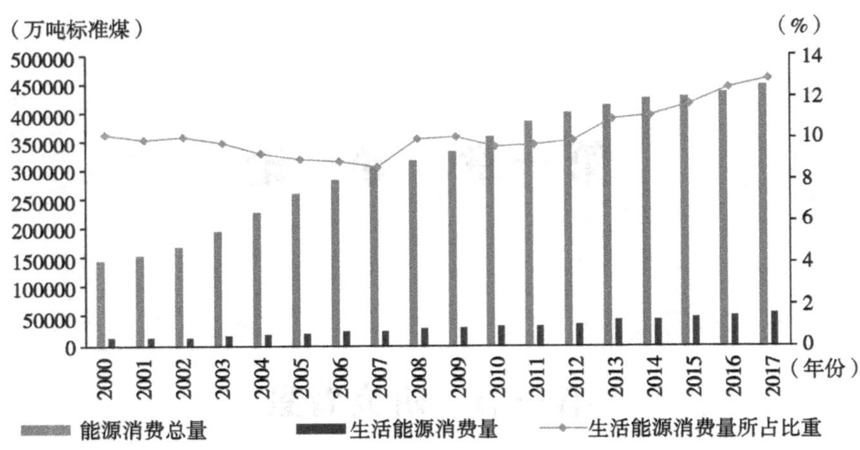

图 1-1　居民生活能源消费量及所占比重

数据来源：《中国能源统计年鉴》（2001~2018）。

2 可知，我国居民人均生活能源消费量从 2000 年的 132 千克标准煤增加至 2017 年的 416 千克标准煤，增长了 3.12 倍。从人均生活能源消费量的城乡差异来看，城镇居民人均生活能源消费量从 2000 年的 213 千克标准煤增加至 2017 年的 415 千克标准煤，增长了 1.94 倍；而农村居民人均生活能源消费量从 2000 年的 88 千克标准煤增加至 2017 年的 417 千克标准煤，增长了 4.74 倍。2000~2016 年我国城镇居民人均生活用能量一直高于全国和农村的人均生活用能量，然而在 2017 年，农村居民人均生活用能量首次超过城镇以及全国的人均生活用能量。2007~2017 年我国农村居民人均生活用能量年均增长 8.4%，而同期城镇居民人均生活用能量平均增长 2.4%。可见，我国居民生活能源需求增长的主要来源是农村居民，同时随着我国农村居民生活水平和生活质量的不断提高，农村居民生活能源消费水平还有较大的增长空间。因此，关注我国农村居民生活能源消费问题对于推进我国节能减排工作有重要的现实意义。

农村居民主要耐用品的消费状况直接反映了农村居民的消费水平和消费结构，农村居民生活能源消费量与主要耐用品的使用密切相关，因此，有必要对农村居民的主要耐用消费品拥有量现状进行分析。2013~2018 年我国农村居民平均每百户年末主要耐用消费品拥有量如表 1-1 所示。从表 1-1 可以看出，我国农村居民家用电器的数量总体呈上升趋势，其中家用汽车、空调、排油烟机、热水器等的拥有量增长最为显著，2013 年每百户农村居民的家用汽车拥有量为 9.9 台，而 2018 年增长到了每百户农村居民拥有家用汽车 22.3 台，增长了

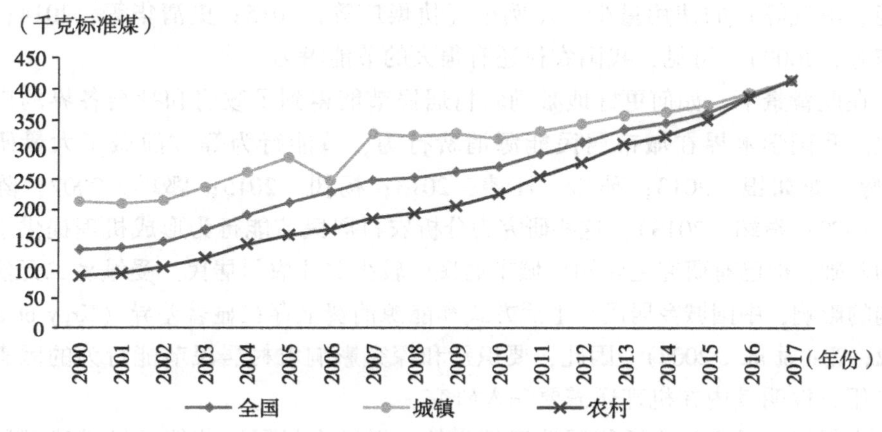

图 1-2 人均生活能源消费量及城乡对比

数据来源：《中国能源统计年鉴》（2001~2018）。

2. 25 倍。与此同时，2018 年空调拥有量相比 2013 年也增长了 2. 19 倍，2018 年排油烟机拥有量相比 2013 年也增长了 2. 09 倍。随着农村居民收入水平的提高，农村居民购买家用电器的种类和数量将会不断增加，农村居民生活用能总量也会随之增长。因此，引导农村居民节能是推进我国居民节能需要解决的核心问题。

表 1-1 农村居民平均每百户年末主要耐用消费品的拥有量

种类	单位	2013 年	2014 年	2015 年	2016 年	2017 年	2018 年
家用汽车	辆	9. 9	11	13. 3	17. 4	19. 3	22. 3
洗衣机	台	71. 2	74. 8	78. 8	84	86. 3	88. 5
电冰箱（柜）	台	72. 9	77. 6	82. 6	89. 5	91. 7	95. 9
微波炉	台	14. 1	14. 7	15	16. 1	17. 3	17. 7
彩色电视机	台	112. 9	115. 6	116. 9	118. 8	120	116. 6
空调	台	29. 8	34. 2	38. 8	47. 6	52. 6	65. 2
热水器	台	43. 6	48. 2	52. 5	59. 7	62. 5	68. 7
排油烟机	台	12. 4	13. 9	15. 3	18. 4	20. 4	26

数据来源：《中国统计年鉴》（2014~2019）。

在国家节能政策的激励下，我国农村居民逐步用高效率能源（电能、化石能源等）替代了低效率能源的传统生物质能（柴薪、秸秆等），尽管如此，在我国农村一些地区，传统生物质能仍是农村居民的主要生活能源，新能源（太阳能、沼气等）的使用量少、比例小（仇焕广等，2015；史清华等，2014；周曙东等，2009）。可见，我国农村还有很大的节能潜力。

在此背景下，如何更好地激励农村居民节能得到了政府和社会各界的广泛关注。我国学术界在城市居民能源消费行为、节能行为等方面做了大量研究（岳婷、龙如银，2013；孙岩、江凌，2013；杨树，2015；郭琪，2007；陈利顺，2009；秦翊，2013），这些研究为分析农村居民节能行为形成机理提供了很好的基础，但已有研究主要侧重城市居民，较少关注农村居民。受城乡二元经济结构的影响，中国城乡居民在生活方式和能源消费上存在显著差异（Krey et al.，2012；Wei et al.，2007）。因此，要识别和探究影响农村居民节能行为的因素及其作用，探明其内在机理还需要深入研究。

农村居民是农村生活能源消费的主体，激励农村居民节能是推进我国居民节能的关键。因此，我们有必要从农村居民角度探讨：农村居民节能行为是如何形成的？农村居民节能行为受到哪些因素的影响？这些因素又是如何影响农村居民节能行为的？如何有效激励农村居民节能？等等。已有的研究恰恰在这些方面给我们留下研究的空间。我们认为，准确回答这些问题是政府有效激励农村居民节能、进一步完善节能政策的基础。

鉴于此，本书以农村居民为研究对象，以有效激励农村居民节能为目标，以江西省的调查数据为实证依据，分析农村居民节能行为的形成机理，探究节能政策工具、节能政策力度对农村居民节能行为的影响方向、程度和路径，研究政府应该如何有效激励农村居民节能，为政府制定有效的节能激励政策提供决策参考。

第二节　研究目的与研究意义

一、研究目的

本书旨在对农村居民节能行为形成机制及其引导政策进行深入探究，选取江西省农村居民为主要研究对象，在已有研究成果的基础上，先对农村居民节能行为的内涵进行界定，并阐述其结构维度。基于文献分析，构建出农村居民不同类型节能行为形成机制的概念模型。根据理论模型中的各个驱动因素，开发农村居民不同类型节能行为及其驱动因素、引导政策的相关量表，以获取农村居民不同类型节能行为及其驱动因素、引导政策的基础数据，并运用统计分析、结构方程模型、计量经济学等研究方法，分析农村居民不同类型节能行为的现状、差异性特征和形成机理，探讨引导政策对农村居民不同类型节能行为的差异化影响，以检验和修正本书所构建的概念模型，并结合实证分析结果，为有效引导农村居民节能行为提出政策建议。

二、研究意义

（一）理论意义

（1）从环境行为学、社会心理学、行为经济学、管理学等多学科交叉的研究视角，基于江西省农村居民的调查数据，在已有研究的基础上，将农村居民节能行为划分为六种类型：习惯调整节能行为、节能管理行为、能效投资节能行为、人际促进节能行为、住宅投资节能行为和日常间接节能行为，深入研究了农村居民不同类型节能行为的行为特征和影响因素，具有较强的现实基础和实践性，并比较分析了心理因素、情景因素以及社会人口统计学因素对农村居民不同类型节能行为的影响，充实了我国居民节能行为研究的理论和方法。

（2）农村居民节能行为属于微观范畴，是一种亲环境行为，通过分析节能政策对农村居民不同类型节能行为的影响，将公共政策理论与微观主体行为选择理论有机结合起来，丰富了个体环境行为领域和公关政策领域的研究内容，促进微观个体环境行为研究和环境政策研究的融合，对于政府如何通过环境政策引导微观主体环境行为有重要的研究意义。

（二）现实意义

（1）从节能行为个体和政策环境两个角度来探究农村居民不同类型节能行为的影响因素，可以系统全面地把握政策环境对农村居民节能行为的作用路径、作用方向和强度，明确不同类型环境政策对促进农村居民节能行为的可干预路径，为政府部门相关政策的制定提供参考。

（2）随着我国经济快速发展和居民生活水平的提高，我国能源消费总量在不断增加，能源的供需矛盾不断加深。煤、石油、煤气等能源消耗是环境问题加剧的一个重要因素，有效引导农村居民积极节能，可以减低农村生活用能，这不仅有利于减少环境污染，而且有助于缓解能源供需矛盾问题，促进我国经济可持续发展。

第三节 概念界定

我国农村居民生活消费的能源主要包括电能、煤、燃气（液化石油气、煤气和天然气）、燃油（汽油）、薪柴、秸秆、沼气和太阳能等。本书所研究的农村居民用能是指生活家庭用能和交通用能。

“节能”是节约能源的简称。世界能源委员会（IEA，1979）将节能定义为“采取技术上可行，经济上合理，环境和社会可接受的一切措施来提高能源资源的利用效率”。2007年修正颁布的《中华人民共和国节约能源法》中将节能定义为“加强用能管理，采取技术上可行、经济上合理以及环境和社会可以承受的措施，从能源生产到消费的各个环节，降低消耗、减少损失和污染排放，制止浪费，有效、合理地利用能源”。许多学者对居民节能行为概念和类型进行了界定（Stern，1992；Black et al.，1985；Dillman et al.，1983；Van Raaij et al.，1983；Barr et al.，2005）。Scott（2000）将居民节能行为分为投资行为、管理行为和削减行为。国内学者郭琪（2007）将节能行为界定为：通过降低单位产值能耗（即提高能效）和使用优质能源（即提高能质）实现节能的行为。岳婷（2014）将城市居民节能行为定义为“城市居民为减少能源消费而采取的行动”，并将其划分为四种：习惯调整节能行为、品质阈限节能行为、能效投资节能行为、人际促进节能行为。杨树（2015）将城市居民节能行为划分为三类：直接日常节能行为、间接日常节能行为和能效投资行为。借鉴上述研究对城市居民节能行为的定义和分类，本书将“农村居民节能行为”界定为：农村居民在生活中为减少能源消费而采取的行动，包括节能管理行为、能源削减行为、能效投资行为、住宅投资节能行为、人际促进节能行为和间接日常节能行为等。节能管理行为是指在不牺牲生活用能品质的前提下，通过改变日常用能的习惯从而达到减少能源消费的行为。例如，离开房间时随手关灯、电器长时间不用时拔下电源减少待机能耗、从冰箱存取物品时尽量减少开关冰箱门次数等。能源削减行为是指在需要牺牲一定生活品质的情况下，通过改变日常的用能方式，从而减少用能量的行为。例如，少用取暖器、少使用家电等。能效投资行为是指通过购买节能和新能源技术能效产品或设备，提高产品在长期使用过程中的能源效率，从而减少用能量的行为。例如，购买家电时主动选择节能型家电；购买热水器时主动选择太阳能热水器；购买汽车时主动选择新能源节能环保汽车等。住宅投资节能行为是指农村居民在住宅建设过程中会进行节能设计（如自然采光、自然通风等），在装修住宅时购买环保型材料。人际促进节能行为是指农村居民通过主动的人际活动，促进他人节能的行为。例如，主动与亲朋好友或同事分享节能经验；主动阻止他人的能源浪费行为；主动参与政府或村里开展的节能活动等。间接日常节能行为是指农村居民在日常消费品购买的过程中，选择在产品的整个生产、运输过程中能源消耗较少的产品。

第四节 研究内容与技术路线

一、研究内容

根据本书的研究目的，首先，以环境行为学、社会心理学、行为经济学、行为决策理论和公共政策理论为基础，探索农村居民节能行为影响因素的理论根源，构建出农村居民节能行为理论模型，结合江西省农村居民的社会调查资料，深入剖析农村居民不同类型节能行为的表现特征，并对理论模型进行检验，探讨个体心理因素、社会人口学因素、情境因素对农村居民不同类型节能行为的影响，建立农村居民不同类型节能行为影响因素结构模型。其次，根据理论分析和实证调研分析结果，考察农村居民不同类型节能行为有效干预的关键因素和途径。最后，在总结归纳已有研究结论的基础上，提出有效引导农村居民节能的政策建议。本书共十二章，具体章节安排如下：

第一章为导论。介绍本书的研究背景、研究意义、研究目的、研究内容与技术路线，界定相关概念，并指出本书的研究方法与创新之处。

第二章为文献综述与理论基础。首先，在对节能行为进行知识图谱分析的基础上，对国内外居民节能行为的相关研究进行综述。其次，介绍了环境行为的相关理论基础。

第三章为农村居民节能意识与节能行为现状研究。通过对调研数据的整理，利用统计方法对农村居民节能意识与节能行为现状进行了分析。

第四章为农村居民节能意识产生的驱动因素研究。基于江西省农村居民的调研数据，运用结构方程模型和多群组分析方法，分析了农村居民节能意识产生的驱动因素，结果表明，宣传教育、社会规范、能源问题感知对农村居民节能意识均有显著正向影响，对农村居民节能意识影响最大的是能源问题感知，其次是宣传教育，最后是社会规范。多群组分析结果表明，农村居民性别、年龄和家庭年可支配收入在不同假设路径中的影响存在较大差异。具体来说，男性的社会规范、能源问题感知对节能意识的正向影响更大；年轻群体的社会规范对节能意识的正向影响更大，而年长群体的能源问题感知对节能意识的正向影响更大；只有年长群体的宣传教育对节能意识有显著正向影响；高收入群体的社会规范、能源问题感知对节能意识的正向影响更大，只有低收入群体的中国传统文化价值观对节能意识有显著正向影响。

第五章为农村居民节能管理行为研究。基于江西省农村居民的调查数据，运用双栏模型探讨了农村居民节能管理行为的影响因素，研究发现，感知的行为控制、节能态度、能源价格感知对农村居民节能管理意愿有显著的正向影响，而舒适偏好对农村居民节能管理意愿有显著的负向影响；节能习惯、节能态度、能源价格感知、能源价格政策效度、年龄对农村居民节能管理行为有显著的正向影响，但舒适偏好、面子对农村居民节能管理行为有显著的负向影响。

第六章为农村居民能源削减行为研究。采用江西省农村居民调查数据，运用回归分析方法识别农村居民能源削减行为的影响因素，在此基础上，采用解释结构模型解析出各影响因素的关联关系与层次结构。研究表明：节能责任感、节能知识、能源削减意愿、节能习惯、用能信息获取难易程度、节能政策、节能经济动机对农村居民能源削减行为有正向影响；受教育年限、舒适偏好对农村居民能源削减行为有负向影响。农村居民能源削减意愿是表层直接因素；节能责任感、节能政策效度、节能习惯、节能经济动机、用能信息获取难易度、节能知识是中间层因素；舒适偏好、受教育年限是深层次的根源因素。

第七章为农村居民能效投资意愿与行为偏差研究。采用江西省的调查数据，运用多元逻辑模型研究农村居民能效投资节能意愿与行为偏差的影响因素，研究结果表明，年可支配收入、节能知识、节能习惯、政策工具、能源价格和接受的理由会导致农村居民能效投资意愿与行为出现偏差；在农村居民不具有能效投资意愿的情况下，节能知识和政策工具会推动能效投资行为的产生；年可支配收入、能源价格和接受的理由有助于激发农村居民的能效投资意愿。进一步研究还发现，节能习惯、政策工具、能源价格、接受的理由对农村居民能效投资意愿向行为的转化过程具有促进作用，而拒绝的理由则起阻碍作用。

第八章为中国传统文化价值观对农村居民人际促进节能行为的影响研究。基于江西省农村居民的调研数据，研究中国传统文化价值观对农村居民人际促进节能行为的影响，结果显示：中国传统文化价值观不仅对农村居民人际促进节能行为有直接影响，而且通过消极情感、主观规范和行为控制感知间接影响人际促进节能行为。

第九章为农村居民节能意识与住宅节能投资行为的一致性研究。基于江西省农村居民的实地调查数据，运用回归分析方法研究节能意识与农村居民住宅节能投资行为一致性的影响因素，研究发现：节能意识三个维度对农村居民住宅节能投资行为的影响存在差异，即节能态度、生态价值观对农村居民住宅节能投资行为均有正向影响，生态价值观与节能情感之间存在显著的正向交互作用；社会规范、节能政策执行力度负向调节节能态度—住宅节能投资行为之间关系；面子观念、社会规范、经济激励型节能政策正向调节生态价值观—住宅节能投资行为之间关系；面子观念、经济激励型节能政策负向调节节能情感—住宅节能投资行为之间关系。

第十章为节能意识与农村居民日常间接节能行为的一致性研究。运用江西省农村居民的实地调查数据，运用回归分析考察节能意识对农村居民日常间接节能行为的主效应，运用层次回归分析节能意识各维度间的交互效应以及情境变量对节能意识—日常间接节能行为关系的调节效应，研究发现：节能情感对农村居民日常间接节能行为有正向影响；节能意识各维度间不存在两两交互作用；节能习惯对生态价值观—日常间接节能行为之间关系有正向调节作用；宣传教育对节能情感—日常间接节能行为之间关系有负向调节作用；节能政策执行力度对节能态度—日常间接节能行为之间关系有正向调节作用；节能政策执行力度对节能情感—日常间接节能行为之间关系有负向调节作用。

第十一章为农村居民对节能政策的评价研究。采用江西省农村居民调研数据，研究发现，在本书所列举的节能政策（“阶梯电价政策”、“新能源汽车补贴政策”、“节能产品惠民工程补贴政策”、《节能宣传周活动》和《公众节能行为指南》）中，基于602个农村居民样本，农村居民最了解的是“阶梯电价政策”，有45.68%的农村居民不知道《公众节能行为指南》，有48.18%的农村居民不知道《节能宣传周活动》。有30%以上的农村居民感知节能政策宣传力度和节能产品补贴政策力度偏小。通过比较“阶梯电价政策”效度、“高效节能家电补贴政策”效度、“小排量节能汽车补贴政策”效度、“节能产品惠民工程补贴政策”效度、用能信息干预政策效度发现，用能信息干预政策效度最大，“阶梯电价政策”效度最小。

第十二章为研究结论与政策建议。基于研究结论，提出了提高农村居民的环境意识、培养和增强农村居民的节能责任感、普及农村居民的节能知识、培养农村居民的节能习惯、引导和培育积极的社会规范、培养和塑造中国传统文化价值观、引导农村居民进行住宅节能投资、提高节能政策的宣传效果、提升节能政策实施力度和效度等政策建议。

二、技术路线

本书的技术路线如图 1–3 所示。

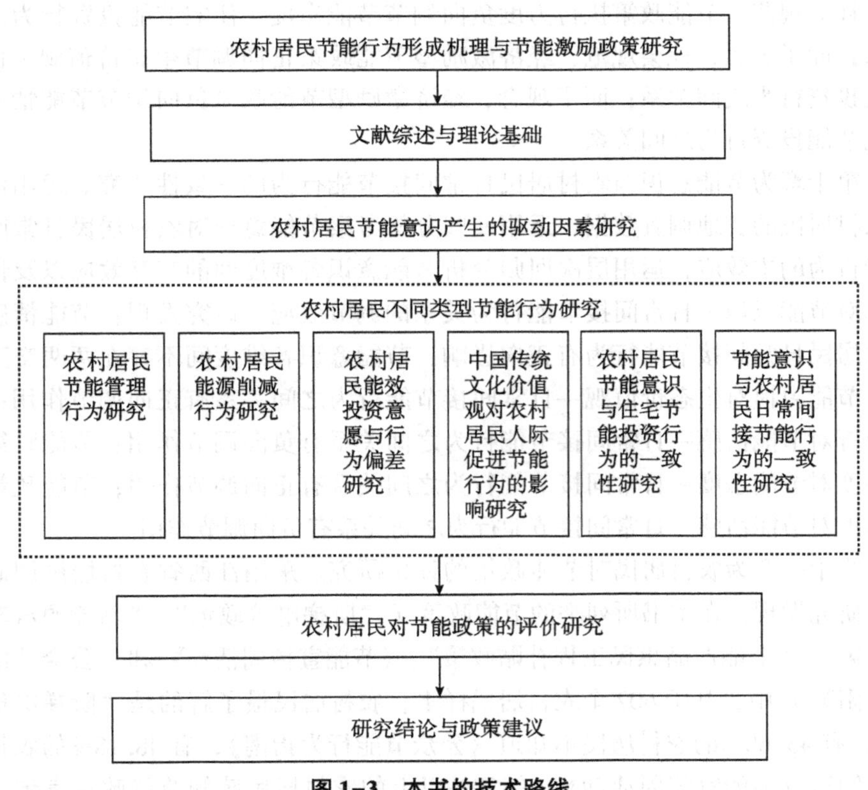

图 1–3 本书的技术路线

第五节 研究方法与创新之处

一、研究方法

本书以环境行为理论为基础，运用统计学、结构方程模型、解释性结构模型和计量经济学等分析方法，研究农村居民不同类型节能行为的形成机制，分析节能政策对农村居民不同类型节能行为的作用机理。以定量分析为主，定性分析为辅。采用主要分析方法如下。

（一）文献研究方法

本书以中国知网 CSSCI 数据库、Web of Science 核心集数据库的节能行为文献为样本，采用 Citespace 分析工具对中外相关文献的核心作者、机构、核心关键聚类进行图谱分析，通过时区视图、关键词突变图对节能行为研究文献的主题演变趋势进行归纳，全面呈现中外相关文献的知识谱系与演化过程，在此基础上总结特点、探索前沿，这为本书的研究提供了理论基础。

（二）农村居民访谈法

通过开放式深度访谈，收集农村居民在生活中实施节能行为所面临的困难、行为的动因以及节能政策对行为的影响等方面的第一手资料，为实证分析中的变量操作化和测量指标的开发提供信息基础。

（三）结构方程模型

结构方程模型（Structural Equation Modeling，SEM）是一种建立、估计和检验因果关系模型的方法。模型中既包含可观测的显在变量，也包含无法直接观测的潜在变量。结构方程模型可以清晰分析单项指标对总体的作用和单项指标间的相互关系。本书采用结构方程模型研究农村居民节能意识产生的驱动因素，利用多群组分析方法分析引入人口统计变量后，结构方程模型中各潜变量之间的关系强度是否发生改变。

（四）解释结构模型

解释结构模型法（Interpretative Structural Modeling Method，ISM）是现代系统工程中广泛应用的一种分析方法，是一种结构模型化技术。它是将复杂的系统分解为若干子系统要素，利用人们的实践经验和知识，最终构成一个多级递阶的结构模型。解释结构模型属于结构模型，可以把模糊不清的思想、看法转化为直观的具有良好结构关系的模型。本书采用解释结构模型，研究农村居民能源削减行为的影响因素及其层级结构。

（五）计量经济学

基于农村居民的问卷调查数据，借助 Stata14.0 软件，运用双栏模型研究农村居民节能管理意愿及行为的影响因素；采用多元逻辑模型研究农村居民能效投资节能意愿与行为偏差的影响因素；运用回归分析考察节能意识对农村居民日常间接节能行为的主效应，运用层次回归分析节能意识各维度间的交互效应以及情境变量对节能意识—日常间接节能行为之间关系的调节效应；运用回归分析方法研究节能意识对农村居民住宅节能投资行为的影响。

二、创新之处

第一，本书以中国知网 CSSCI 数据库、Web of Science 核心集数据库的节能行为文献为样本，采用 Citespace 分析工具进行可视化知识图谱分析，对节能行为研究内容进行了归类和综述，为推进节能行为的研究提供参考。

第二，本书基于农村居民的问卷调查数据，运用结构方程模型研究农村居民节能意识产生的驱动因素，利用多群组分析方法分析引入人口统计变量（性别、年龄和收入）后，结构方程模型中各潜变量之间的关系强度是否发生改变。

第三，本书运用农村居民的调研数据，研究了农村居民节能管理行为、能源削减行为的发生机制；分析了农村居民能效投资节能意愿与行为偏差的影响因素；探讨了中国传统文化价值观对农村居民人际促进节能行为的影响；分析了情境变量（节能习惯、面子观念、节能政策等）在农村居民节能意识转化到日常间接节能行为、住宅节能投资行为中的调节作用。

第二章　文献综述与理论基础

第一节　节能行为的知识图谱分析

近年来节能行为的研究内容不断丰富、分析视角持续拓展，对现有文献的发文作者、载文期刊、关键内容、研究历程等进行梳理是农村居民节能行为研究的重要基础。本章运用基于 Citespace 软件对 Web of Science 数据库和 CSSCI 数据库中国内外重要期刊中节能行为的研究文献进行知识图谱可视化分析，在此基础上，进一步对节能行为研究内容进行了归类和综述，为推进节能行为的研究提供参考。

一、数据来源

本书关注 20 世纪 90 年代以来（1990~2019 年）国内外对节能行为的研究，由于节能行为概念与家庭节能、居民节能、个人节能等彼此交叠，为确保文献的全面性，本书采用相对宽泛的检索主题，以 Web of Science 核心合集为数据来源，检索主题中含有 “energy - saving behavior of urban households ”或“households energy conservation”或“household energy-saving”或“households’ energy-saving behaviours”或“household energy saving behaviours”或“individual energy conservation behavior”或“residents’ habitual energy-saving behaviour”或“energy saving behaviours”的文献，检索时间为 2019 年 11 月 22 日，得到文献 5669 篇。在所得到的结果中以能源经济领域的 10 种重要期刊作为目标期刊，最终筛选得到 942 篇文献。为提高分析效度，剔除书评、会议通知、征稿通知、消息、公示等非学术类文章，最终获得学术论文 941 篇。

中文文献以中国知网数据库中的中国社会科学引文索引（CSSCI）数据库为来源，其期刊来源具有代表性和权威性。但由于CSSCI数据库于1998年正式开始使用，为全面分析节能行为研究的发展历程，以CNKI数据库为来源分析1997年之前的相关文献，以CNKI数据库中的CSSCI期刊为来源分析1998~2019年的相关文献。本书检索出1990~2019年主题中含有“节能行为”“能源节约”的108篇文献。

采用陈超美2004年基于Java语言开发的Citespace信息可视化软件，该软件融合了共现分析、社会网络分析、聚类分析、多维尺度分析等方法，通过可视化的手段呈现文献之间的联系、交叉、互动等多种关系，反映特定研究领域的核心作者与机构、主题迁移情况、发展脉络以及研究热点（Chaomei Chen，2017），本书采用Citespace绘制节能行为领域的知识图谱，从而更清晰地描绘出节能行为研究的发展态势和研究热点。

二、基本特征分析

（一）时间分布

节能行为领域研究论文在国际重要期刊的年度分布如图2-1所示。从图2-1可知，Web of Science Wos核心合集中的节能行为研究最早开始于2001年（Cinch，2001），2001~2005年，国际重要期刊上关于节能行为领域的研究较少，每年发表篇数均为个位数，2002年仅有2篇。2006年以后，开始缓慢增长，每年的发文数量超过10篇；在2013年剧增，达到90篇；但2014~2015年，发文数量出现短暂下降趋势；2016~2019年又开始显著增加，并在2018年创下历史新高，达到148篇。可以看出，2013年左右国际节能行为研究进入相对繁荣时期，且热度延续至今。因此，以2013年为分界点对节能行为研究领域的942篇国际文献进行划分：2001~2013年和2014~2019年分别对应295篇和647篇。

CSSCI来源期刊1998年才开始设立，因此1998年之后的节能行为研究主题论文来自中国知网中检索到的108篇，1998年之前发表量为0；1999~2007年发表量均为个位数，其中2001~2003年未发表相关文献；2008~2012年稳定在10篇左右，说明节能行为研究开始受到学者关注；但之后发文量没有明显增长，年发文量波动较小，最高发文量仅为2010年的11篇。

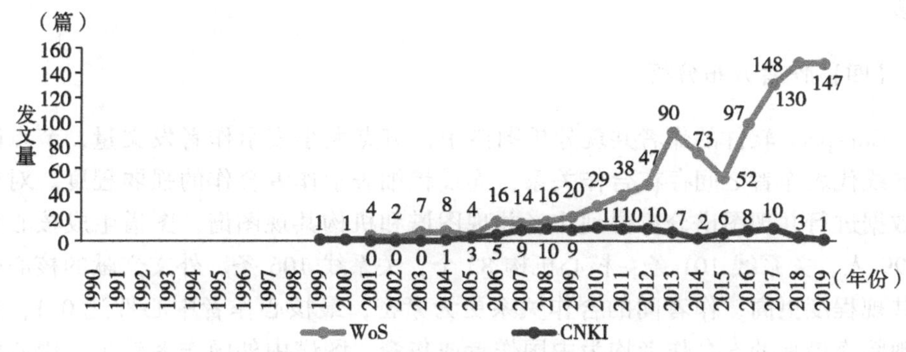

图 2-1　中文和外文期刊中的节能行为研究年度分布

资料来源：作者绘制。

（二）期刊分布

根据选取的 10 种能源经济类国际重要期刊，2001~2019 年发表节能行为研究成果排名依次是：Energy Policy（284 篇）、Applied Energy（189 篇）、Journal of Cleaner Production（141 篇）、Energy（109 篇）、Sustainability（84 篇）、Energy Economics（42 篇）、Ecological Economics（36 篇）、Resources Conservation and Recycling（29 篇）、Energy Journal（15 篇）、Journal of Environmental Management（13 篇）。同期排名靠前的国内重要期刊依次是：《北京理工大学学报（社会科学版）》（7 篇）、《中国人口·资源与环境》（4 篇）、《软科学》（3 篇）、《心理科学进展》（2 篇）、《干旱区资源与环境》（2 篇）、《资源科学》（2 篇）、《现代管理科学》（2 篇）、《消费经济》（2 篇）、《生态经济》（2 篇）、《重庆大学学报（社会科学版）》（2 篇）。

（三）国家分布

国际重要期刊中发表该领域论文的作者来源国主要包括：中国（224 人）、美国（169 人）、英国（73 人）、意大利（61 人）、德国（57 人）、日本（53 人）、新西兰（49 人）、西班牙（45 人）。显然，对节能行为的研究主要以华裔学者为主，中国科学院杨德伟（如《能源—碳关系和低碳城市行动研究》）、中国科学技术大学杨树（如《不同收入家庭对国内节能和可再生能源设备采购影响研究》）、清华大学丁群（如《居民消费活动对能源消费的影响》）、北京理工大学张毅祥（如《员工节电行为的成因》）等在国际重要期刊上发表论文较多。

（四）作者分布分析

Citespace 软件的作者共现分析图谱中，节点大小表示作者发文量，节点间的连线代表作者之间存在合作关系，连线粗细表示作者合作的强弱程度。对外文数据进行共现图谱分析得到作者共现图谱和机构共现图谱，图谱生成核心作者 99 人，关系线 101 条；核心机构 83 个，关系线 106 条。外文文献的核心作者共现程度更高，作者间的合作关系更为紧密，最核心作者中心性达 0.1，但共现频率最高的 5 名作者均为中国作者或华裔，图谱中外国作者较少，中心性较差；从机构共现图中可以得到，外文文献的相关机构合作较中文文献而言更为紧密，中国科学院是最核心的共现机构，中心性达到 0.13。国内高校中清华大学、中国科技大学、北京理工大学、中国矿业大学、合肥工业大学以及西安交通大学共现频次较高，国外高校中新加坡国立大学、劳伦斯伯克利国家科学实验室、格罗宁根大学、大阪大学、埃克塞特大学以及加州大学伯克利分校共现频率较高。总体来看，核心机构中国机构共现频次较高，国外高校共现频率较低。

2001~2019 年在国际重要期刊发表节能行为研究的丰产作者（以发文量排序）有：Wang Shanyong（《知觉行为控制影响节能意愿》）、Fang Guochang（《能源结构调整对节能减排动力演化系统的影响》）、Sun Mei（《经济增长速度变化时节能减排的演化规律》）、Long Ruyin（《碳标签对不同类型消费者低碳消费行为的影响》）等。

对中文数据进行分析得到作者共现图谱和机构共现图谱，共现图谱生成核心作者 93 人，关系线 64 条；核心机构 69 个，关系线 16 条。核心作者之间的关联较为分散，核心作者的中心性较差，作者之间的合作较少，大多数作者的合作关系以点状或两点一线的形式体现。我国核心机构大多数以点状分布，相关研究机构之间的合作较少。

在节能行为领域发表文章数量较多的作者包括：芈凌云（《城市居民能源消费行为低碳化的心理动因》）、杨洁（《中国居民生活领域节能行为引导政策的效力与效果评估》）、吕荣胜（《基于计划行为理论的城市居民节能行为影响机制的研究》）、王建明（《公众资源节约与循环回收行为的决定因素研究》）、洪帅（《基于规范激活理论的节能行为影响因素研究》）、俞学燕（《信息型策略对居民节能行为的干预效果研究》）。

三、国际重要期刊节能行为研究可视化分析

国际重要期刊该领域研究可以被划分为：2001~2013 年和 2013~2019 年两个阶段，分别析出 295 篇和 647 篇。

（一）2001~2013 年国际重要期刊节能行为研究

由于关键词是文章主题的高度概括和凝练，高频关键词反映该领域的研究热点。利用 Citespace 软件，基于 2001~2013 年国际重要期刊 295 篇节能行为文献关键词进行共现分析，整理出频次 3 以上高频关键词如表 2-1 所示，生成关键词聚类图谱如图 2-2 所示。

表 2-1　2001~2013 年外文节能行为研究高频关键词

关键词	频次	中心度	关键词	频次	中心度
consumption	60	0. 22	simulation	10	0. 01
conservation	47	0. 15	electricity	9	0. 04
behavior	40	0. 05	willingness to pay	9	0. 01
energy efficiency	39	0. 04	design	8	0. 01
household	30	0. 19	residential building	8	0. 04
energy conservation	25	0. 05	optimization	8	0. 05
energy saving	24	0. 05	co2 emission	7	0. 03
energy	24	0. 08	united states	7	0. 05
model	24	0. 11	preference	7	0. 05
information	20	0. 19	environment	6	0. 01
feedback	20	0. 04	consumer	6	0. 06
policy	18	0. 09	requirement	6	0. 01
efficiency	18	0. 11	elasticity	6	0. 02
demand	17	0. 03	power	6	0. 03
impact	17	0. 03	cost	6	0. 02
emission	13	0. 07	technology	6	0. 01
saving	13	0. 06	smart meter	5	0. 00
energy consumption	13	0. 07	renewable energy	5	0. 03

续表

关键词	频次	中心度	关键词	频次	中心度
system	12	0.04	economics	5	0.02
sector	11	0.04	building	5	0.05
attitude	11	0.01	adoption	4	0.00
determinant	11	0.08	Pro-environmental behavior	4	0.00
performance	11	0.05	life style	4	0.00
climate change	11	0.13	intensity	4	0.02
china	10	0.01	social norm	4	0.00

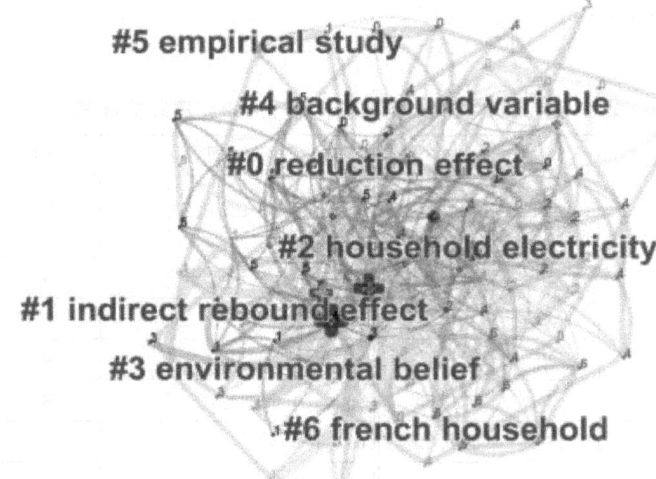

图 2-2 2001~2013 年外文节能行为研究关键词聚类图谱

基于高频关键词，该阶段研究被分为三大类：

（1）能源效率的研究。能源效率是该阶段该领域研究重点关注的对象，提高能源使用效率能够有效节能。Blomberg（2012）采用数据包络分析方法研究了瑞典造纸工业中能源效率与能源政策之间的关系；Sovacool（2009）研究了可再生能源与能源效率政策的重要性。

（2）个体行为的内在与外在因素研究。由表 2-1 可知已有研究的关键词关注个体的态度、支付意愿、习惯、生活方式、信息、反馈、社会规范、政策等内在外在因素的影响。Gadenne（2011）研究了消费者的环境态度对节能行为的影响；Gilg et al.（2006）探讨了节水活动的社会、态度和行为组成，并检验了节水、节能、绿色消费主义和家庭内外废物管理之间的联系；Barr et al.（2005）考察了家庭节能行为与节约能源的习惯行为之间的差异；Nolan et al.（2008）研究发现社会规范对节能行为有显著影响。

（3）节能行为与碳排放关系的研究。随着全球气候变暖的速度加快、温室气体的排放量增多、环境污染的日趋严重，要求世界各国实行节能减排，向绿色低碳经济发展，重要高频关键词与聚类包括“气候变化”“碳排放”等。Zhu et al.（2012）利用投入产出模型，结合中国居民碳排放情况，探讨了实现节能减排的方法与手段；Arce et al.（2011）对西班牙和欧洲的热能储存（TES）、潜在的能源节约和气候变化减缓情况进行概述；Fang et al.（2012）根据节能减排、碳排放与经济增长的复杂关系建立一种新型的三维节能减排混沌系统，发现越早、越完善节能减排，越容易、越早达到碳排放的最大值，从而降低碳排放和能源强度。

（二）2013~2019 年国际重要期刊节能行为研究

基于 2013~2019 年 647 篇国际期刊节能行为文献关键词共现分析，频次 4 以上高频关键词如表 2-2 所示，关键词聚类分析如图 2-3 所示。结合表 2-2 与图 2-3，与前一阶段相同，此阶段对于影响个体节能行为的影响因素有了更进一步的拓展，意向、知识、满意度、规范、舒适性等之前未出现的因素被学者广泛研究，学者对能源效率依然保持高关注，住宅节能的重要性进一步凸显。此阶段研究可以被划分为四类：

（1）实施节能行为主体的研究。行为主体的差异会造成行为决策的差异，不同主体在实施节能行为时会存在差异，已有研究的节能行为主体包括居民、家庭、企业员工、工业企业等。Webb et al.（2013）应用自我决定理论和目标导向行为模型（MGB）研究了家庭节能行为。Wang et al.（2018）以中国城市居民为研究对象，研究影响居民习惯性节能行为的因素。Wang et al.（2019）分析了规范（如个人规范、主观规范和描述性规范）、情绪（如预期的正面和负面情绪）和习惯因素（如节电习惯）如何影响员工在工作场所的节电行为。Viacheslav et al.（2014）分析了工业企业的节能发展方向。

（2）建筑节能的研究。建筑能耗具有能耗锁定效应，采用节能设计的绿色节能建筑能够长期有效地节约能源，它也被认为是减少温室气体排放和解决全球能源危机的有效途径之一（World GBC，2013；Zhao et al.，2015）。有学者对建筑节能的价值评估、居民绿色标识住宅的接受度、绿色建筑评级工具等进行了相关研究（Ramya et al，2012；Liu et al，2018；Rochelle et al.，2019）。Ramos et al.（2015）研究了信息在住宅能效方面的作用。

（3）意识与行为偏差的缺口研究。节能行为很大程度上受个人意愿的支配影响。如：Bai and Liu（2013）从低碳知识、价值、态度、私人低碳行为、公共低碳行为、壁垒和激励七个维度调查发现，中国的低碳意识与低碳行为之间存在偏差，且行为水平高于意识水平。

（4）节能政策的相关研究。政策是影响节能的重要环境因素，良好的政策环境能够促进节能。已有学者对节能政策进行了大量研究，有学者认为税收优惠或者补贴是比较有效的正向政策，可以促进居民节能行为（Amstalden et al.，2007；Zhao et al.，2012；Yang et al.，2015）。

表 2-2　2013~2019 年外文节能行为研究高频关键词

关键词	频次	中心度	关键词	频次	中心度
consumption	151	0.10	intervention	12	0.04
conservation	114	0.08	challenge	10	0.01
behavior	109	0.11	price	10	0.02
energy efficiency	91	0.08	intention	9	0.01
performance	81	0.05	integration	9	0.00
impact	77	0.05	retrofit	9	0.00
model	72	0.07	prediction	9	0.01
system	71	0.03	life cycle assessment	9	0.03
efficiency	68	0.10	environment	8	0.00
demand	64	0.03	energy saving behavior	8	0.01
energy	57	0.04	appliance	7	0.01
policy	56	0.03	demand response	7	0.00
energy consumption	55	0.01	greenhouse gas emission	7	0.01
energy saving	53	0.03	knowledge	7	0.01
china	52	0.05	theory of planned behavior	7	0.01
attitude	52	0.12	norm	7	0.01
determinant	52	0.15	economic growth	7	0.00
optimization	48	0.05	network	6	0.01
information	47	0.05	country	6	0.00

续表

关键词	频次	中心度	关键词	频次	中心度
household	44	0.07	ventilation	6	0.02
feedback	44	0.06	residential sector	6	0.01
energy conservation	44	0.06	energy management	5	0.01
simulation	40	0.04	urban	5	0.01
building	39	0.05	residential energy consumption	5	0.00
electricity consumption	35	0.04	incentive	5	0.00
climate change	35	0.04	choice	5	0.02
emission	29	0.02	investment	5	0.01
saving	28	0.01	cost	5	0.00
strategy	28	0.06	preference	5	0.00
planned behavior	28	0.04	environmental behavior	5	0.00
design	26	0.03	us household	4	0.00
renewable energy	26	0.03	quality	4	0.00
technology	25	0.09	carbon emission	4	0.01
co2 emission	24	0.01	economics	4	0.00
electricity	24	0.02	occupant behavior	4	0.00
sustainability	24	0.03	consumer behavior	4	0.00
management	24	0.05	decomposition	4	0.01
pro-environmental behavior	23	0.02	satisfaction	4	0.00
adoption	22	0.02	climate	4	0.00
rebound effect	19	0.04	resident	4	0.01
reduction	18	0.02	load	4	0.00
social norm	18	0.01	decision making	4	0.00
barrier	18	0.01	Program	4	0.00
willingness to pay	16	0.06	extended theory	4	0.00
residential building	15	0.01	haze pollution	4	0.00
power	15	0.00	Removal	4	0.00
thermal comfort	14	0.01	co2emission	4	0.00
sector	13	0.02	consumers intention	4	0.00

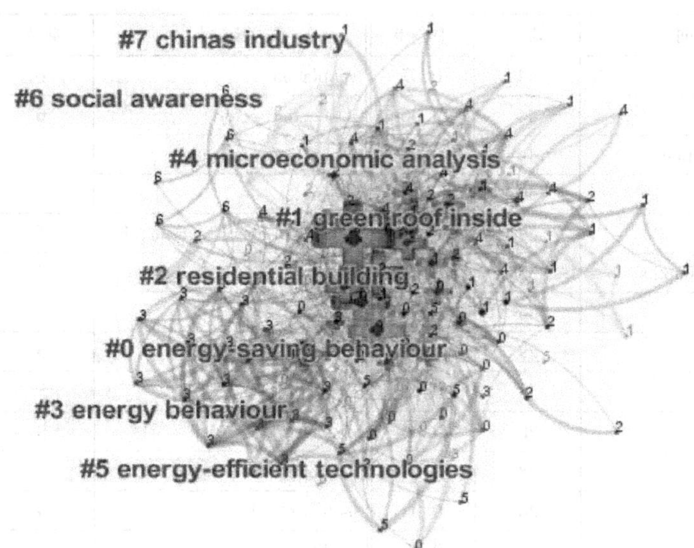

图 2-3　2013~2019 年外文节能行为研究关键词聚类图谱

四、研究趋势预测

战略图是一种能够较为直观地判断研究热点与趋势的方法。按照夏恩君等（2017）的建议，以关键词出现频次为 X 轴、中心度为 Y 轴、原点为频次和中心度的中值，将高频关键词在战略图中显示。根据 2013~2019 年国际重要期刊节能行为研究高频关键词（见表 2-2）形成的战略图（见图 2-4）。

（一）第一象限：主流领域

"能源效率""消费"等属于第一象限的关键词，具有高频次、高中心度的特点。这些关键词代表的论文发展成熟，是当前研究的热门话题，且与其他主题联系密切，如 Nair et al.（2010）讨论了能源投资成本对房主能源效率措施的偏好影响；Murray（2013）研究回弹效应在节约成本的绿色消费选择中对经济效益与环境效益的影响评估。

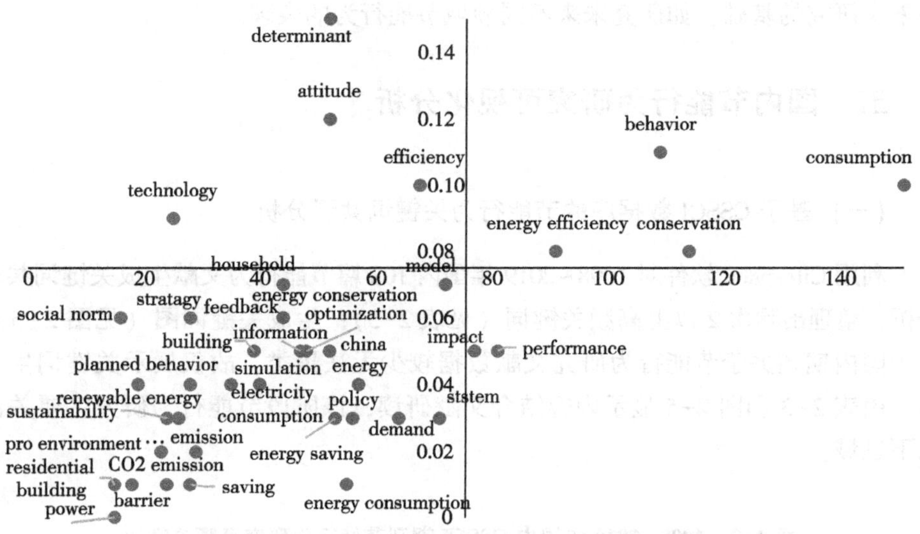

图 2-4 2013~2019 年外文节能行为研究关键词战略图

(二) 第二象限：高潜热点

“态度”“技术”等词位于第二象限，该象限关键词具有低频次、高中心度的特征，仍处于研究的初级阶段，多代表未来发展的新潜力点。如 Dieu-Hang et al.（2017）研究表明，“绿色”社会规范和对环境的良好态度与家庭采用节能节水电器的可能性增加有密切关联。

(三) 第三象限：孤岛领域

该象限关键词具有低频次、低中心度的特点，目前发展不成熟，且与其他主题联系性较差，但很有可能成为未来的热点研究和趋势，如“亲环境行为”“政策”“信息”“新能源”等其他一些关键词代表的研究有可能成为新型的研究热点，如“政策”等文本研究和“计划行为理论”等心理学研究。代表性文献有 Pothitou et al.（2016）发现，具有积极的环境价值观和丰富的环境知识的居民更有可能表现出亲环境行为的态度和习惯，更易产生家庭节能活动。

(四) 第四象限：边缘地带

该象限的特点是高频次、低中心度，如“表现”这些关键词因其中心度低，且大都与其他主题联系无关，故被边缘化，是一个相对独立的领域，很有可能是未来研究的基础，如研究未来不同领域节能行为的表现。

五、国内节能行为研究可视化分析

（一）基于 CSSCI 数据库的节能行为关键词共现分析

利用 Citespace 软件对 1998~2019 年国内 108 篇节能行为文献生成关键词共现分析，整理出频次 2 以上高频关键词（见表 2-3）；生成关键词图（见图 2-5）。由于国内期刊关于节能行为研究文献数据较少无法聚类，故仅展示关键词生成图。由表 2-3 和图 2-5 显示内容结合文献研读，该阶段节能行为研究主要关注以下领域。

表 2-3 1998~2019 年国内 CSSCI 期刊节能行为研究高频关键词

关键词	频次	中心度	关键词	频次	中心度
节能行为	16	0.06	影响因素	2	0.00
能源	8	0.01	技术进步	2	0.00
元分析	4	0.06	环境保护	2	0.00
企业	2	0.01	现场实验	2	0.00
企业节能	2	0.00	社会影响方式	2	0.00
低碳经济	2	0.00	能源资源节约	2	0.00
公共政策	2	0.00	节约能源	2	0.00
可持续发展	2	0.00	节能	2	0.00
居民节能行为	2	0.00	节能减排	2	0.00
干预效果	2	0.00	资源配置	2	0.00

（1）企业节能和居民节能。由表 2-3 可知，企业和居民这两个节能主体都受到了国内学者的重视。张毅（2016）研究了山西能源企业大户的节能行为、能源矛盾原因及节能投资障碍，结果表明造成企业节能投资矛盾的主要因素为折旧年限未到或设备仍可使用，显示出山西工业节能方面存在“金蛋理论”现象；杨君茹等（2018）在中国资源节约型社会和环境友好型社会建设的大背景下，基于计划行为理论构建了城镇居民节能行为的心理动因理论模型，提出节能意愿是导致节能行为最直接的心理动因，节能态度、主观规范、知觉行为控

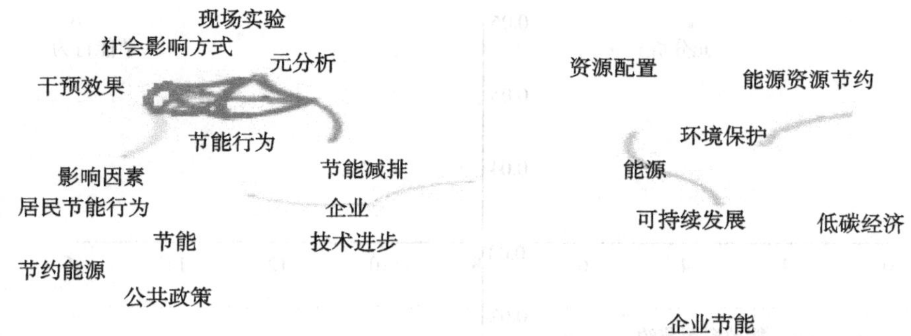

图 2-5 1998~2019 年中文节能行为研究关键词生成图

制是节能行为的间接驱动因素。

（2）政策法律相关因素。公共政策的引导是节能行为发生的重要推力，而政策的干预效果是判断政策是否有效的重要标准。芈凌云（2017）基于中国十年间颁布的引导居民生活领域节能行为的政策文件分析，评估了中国政府在引导居民生活节能方面一般政策的效力和节能效果，研究发现政策措施较多、政策力度偏低、政策目标缺乏量化、政策反馈不足易导致政策工具的实际节能效果出现偏差；范战平（2016）分析了《中华人民共和国节约能源法》实施效果差强人意的原因，发现节能法制存在动因上依赖行政驱动、手段上强化行政管制等制度理念的认识局限，提出要对节能法律制度重新审视、重构节约能源法律制度。

（二）研究趋势预测

根据 2007~2019 年中文节能行为研究高频关键词形成的战略图（见图2-6）可知：

（1）第一象限：主流领域。“节能行为”属于第一象限的关键词，具有高频次、高中心度的特点。这些关键词代表的论文发展成熟，是当前研究的热门话题，且与其他主题联系密切，如运用元分析技术对关于社会影响与节能行为关系的现场实验研究进行综合定量检验，系统评价社会影响方式对节能行为的干预效果。

（2）第二象限：高潜热点。“元分析”位于第二象限，该象限关键词具有低频次、高中心度的特征，仍处于研究的初级阶段，多代表未来发展的新潜力点。如芈凌云（2016）运用元分析方法评估了信息型策略对居民节能行为的干预效果。

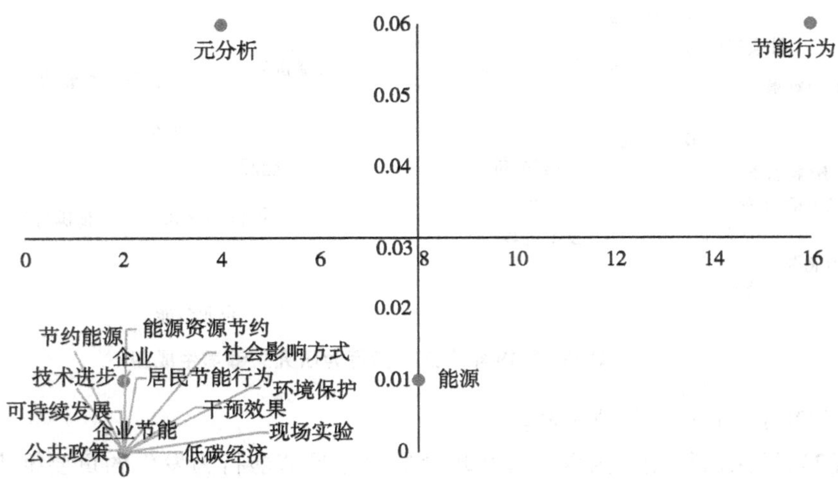

图 2-6　2007~2019 年中文节能行为研究关键词战略图

（3）第三象限：孤岛领域。该象限关键词具有低频次、低中心度的特点，目前发展不成熟，且与其他主题联系性较差，但很可能成为未来的热点研究和趋势，如“低碳经济”等其他关键词代表的研究可能成为新型的研究热点，如石洪景（2015）从价值感知、政策因素、外部环境、内在因素和个体特征五个方面研究了城市居民低碳消费意愿。

（4）第四象限：边缘地带。该象限的特点是高频次、低中心度，这些关键词因其中心度低，且大都与其他主题联系无关，故被边缘化，是一个相对独立的领域，但由于国内期刊文献数量较少，边缘地带关键词不显著。

六、节能行为研究演进

突现分析是目前文献内容挖掘的重要工具之一，反映活跃或前沿的研究节点。国际和国内重要期刊节能行为研究关键词突现分析结果如图 2-7 所示。

为使 Web of Science 核心集中的节能行为领域研究的热点和前沿更加全面地展现，帮助了解研究热点的演化进程，关键词突现图如图 2-7 所示。图 2-7 直观显示出 Web of Science 数据库中节能行为研究领域的热点和前沿演化的历史进程，发现该领域研究前沿的轨迹。①从 2005 年开始，“家庭”“消费”等关键词开始突现，结束于 2009 年。②2008~2014 年，关键词“能源效率”“美国”“能源”“消费者”“偏好”“缺口”“反馈”等关键词突现，但持续时间都不

Keywords	Year	Strength	Begin	End	2001~2019
household	2001	5.502	2005	2009	
consumption	2001	4.5479	2005	2007	
energy efficiency	2001	3.9206	2008	2009	
united states	2001	3.9504	2009	2012	
energy	2001	3.2113	2010	2010	
consumer	2001	3.31	2011	2014	
preference	2001	3.1281	2012	2013	
gap	2001	3.0376	2013	2014	
feedback	2001	3.4176	2013	2013	
social norm	2001	3.1297	2016	2019	
economic growth	2001	3.8008	2017	2017	
sustainability	2001	3.3025	2017	2019	
pro environmental behavior	2001	3.2214	2018	2019	
thermal comfort	2001	3.8831	2018	2019	
country	2001	3.1799	2018	2019	
retrofit	2001	3.3858	2018	2019	
barrier	2001	4.0629	2018	2019	

图 2-7　国际重要期刊节能行为研究关键词 Top17 突现图

长。③2016~2019 年，“社会规范”“经济增长”“可持续发展”“亲环境行为”“热舒适性”“国家”“障碍”“改造”等关键词突现，其中“亲环境行为”“热舒适性”“障碍”“改造”等关键词是热点。

中文节能行为研究关键词突现图如图 2-8 所示。从图 2-8 可知，2006~2019 年突现关键词是“能源”和“节能行为”。

Top 2 Keywords with the Strongest Citation Bursts

Keywords	Year	Strength	Begin	End	1990~2019
能源	1990	4.8385	2006	2008	
节能行为	1990	4.2381	2012	2019	

图 2-8　中文节能行为研究关键词突现图

七、研究结论

利用 Citespace 软件，对 1990~2019 年的节能行为领域的研究成果进行定量分析，绘制知识图谱，归纳总结了节能行为领域的知识结构及其路径演进，研究发现：

（1）从发文量来看，外文文献节能行为领域的研究经历萌芽时期（2000~2003年），发展时期（2004~2019年）。中文文献节能行为领域的研究2007年以前每年发文数量在5篇左右，2008~2019年发文数量整体上呈现增长趋势。

（2）从发文作者和机构角度来看，外文文献的核心作者共现程度较高，作者间的合作关系更为紧密，核心机构中国机构共现频次较高，国外高校共现频率较低。中文核心作者之间的关联较为分散，作者之间的合作较少，我国核心机构大多数以点状分布，相关研究机构之间的合作较少。

（3）从高频关键词来看，外文文献2001~2013年关于节能行为的研究主要集中在能源效率、个体的态度、支付意愿、习惯、生活方式、信息、反馈、社会规范、政策、碳排放等关键词上。2013~2019年关于节能行为的研究仍然关注能源效率，进一步拓展并细化了节能主体（居民、企业、住宅、企业员工、家庭等），对于影响节能行为的因素也进行了更广泛的研究（意向、知识、满意度、规范、舒适性等），关注到意识与行为之间的偏差。1998~2019年中文文献节能行为的研究主要关注企业节能和家庭节能、政策法律相关因素。

（4）从关键词突现图来看，"元分析""现场试验"是国内研究节能行为的热点方法；"企业节能""居民节能"是研究节能行为的热点对象；"公共政策""干预效果""社会影响方式"是节能行为研究的热点影响因素。

第二节　居民节能的研究综述

一、居民节能行为的相关理论研究

居民节能行为的研究逐渐演变成经济学、心理学、社会学等多学科交叉，其理论基础主要有以下四个。

（1）计划行为理论模型（TPB）。Ajzen（1991）提出计划行为理论，认为人的行为模式受到三项内在因素的影响：个人对行为的态度、主观规范和感知行为控制。通常而言，如果个体对某项行为的态度越积极、所感受到外部规范的压力越大、对该行为的感知控制越多，则个体采取该行为的意向越强。计划行为理论对于一般行为的决策过程具有很好的解释和预测力，已成为节能研究的理论基础。如 Kaiser and Gutscher（2003）运用计划行为理论研究瑞士居民环境行为。张毅祥、王兆华（2012）基于计划行为理论研究了知识型员工节能意愿的影响因素。张蕾等（2015）利用计划行为理论分析了农村居民低碳消费行为意向的影响因素。吕荣胜等（2016）运用计划行为理论研究了城市居民节能行为的发生机制。

（2）价值—信念—规范理论（VBN）。Stern（1999）提出了价值—信念—规范理论，之后又对该理论进行了完善。该理论结合心理学上的价值理论、规范激活理论及环境社会学的新生态范式理论，通过价值观、信念和规范三种变量之间的作用来解释环境行为的形成。该研究首次明确了环境价值观的类型和作用，为节能行为的研究开辟了新的视野。已有大量学者运用计划行为理论解释个体环境行为，如节能行为、垃圾分类行为、绿色购买行为、绿色出行等（Liobikienė et al.，2016；Wang et al.，2016；Fornara et al.，2016；Kumar，2019；岳婷，2014；张毅祥等，2012；劳可夫等，2013）。

（3）负责任的环境行为模型。Hines 等（1986）提出了一个负责任的环境行为模型，认为行动技能、行动策略知识、环境问题知识和个性四个变量可通过环境行为意愿间接影响环境行为。该研究还表明，外部情境因素是实施环境行为的重要外因。

（4）ABC 理论。Guagnano et al.（1995）提出 ABC 理论，认为个体行为是个体态度变量和外部条件相互作用的结果，当外部条件的影响比较中立或者趋近于零的时候，行为和态度的关系最强；当外部条件极为有利或者不利的时候，可能会大大促进或者阻止个体行为的发生，此时态度对行为的影响力就会显著变弱。该理论为研究居民节能行为提供了一个新视角。ABC 理论被广泛应用于环境行为研究中，如绿色出行、节能行为、垃圾分类行为（陈飞宇，2019；芈凌云，2011；岳婷，2014）。

二、居民节能行为影响因素的研究

现有居民节能行为影响因素的研究，主要集中在个体的心理因素（态度、价值观、个体规范等）、社会人口统计学因素（家庭特征、收入、年龄、受教育水平、性别等）、情境因素（产品属性、社会规范、宣传教育和信息反馈等）等方面。

（一）心理变量

对心理变量的研究大多基于心理学范式，即态度、价值观、个体规范等会影响居民节能行为。

（1）态度。态度对于环境行为和节能行为的影响在研究中被广泛验证（Hines，1986；Kaiser et al.，1999；Nordlund，2002；贺爱忠等，2011；王琪延和侯鹏，2010；王国猛等，2010），有研究认为，积极的环境态度有利于居民节能（Egmond，2005；Gadenne et al.，2011；谢双玉等，2012）。但也有研究发现，环境态度本身不能对行为产生直接的影响，只有与其他因素共同作用才会最终影响行为（Brandon and Lewis，1999；Steg，2009；Niemeyer，2010）。还有研究指出，环境态度、个人规范、责任感等心理变量对习惯调整节能行为的影响显著，但对能效投资行为无显著影响（Scott，2000）。

（2）价值观。价值观是态度和信念形成的基础，通过更为具体的态度或信念来间接影响行为（Kim and Choi，2005），价值观是影响人们绿色消费行为的重要因素之一（Schiffman et al.，2003），利他价值观和生态型价值观与亲环境行为显著正相关（Stern et al.，1995；Karp，1996；Schultz et al.，2005）。关于环境价值观对环境行为的影响，有研究表明，居民持有的环境价值观对其自身的环境行为有显著影响（Price et al.，2014），利他价值观和生态价值观越强，越容易做出实施环保行为的自我决定（Groot and Steg，2010）。

（3）主观规范。消费者感知到群体压力后环保意识显著增强，进而影响消费者的绿色消费行为（于伟，2009）。一些研究表明，来自外部的压力是实施能效措施的重要影响因素（Black，1985；Tucker，1999；Scott et al.，2000），相比价格因素，来自公众的压力促进公众节能的效果更加明显与持久（Rciss et al.，2006）。张毅祥和王兆华（2012）认为主观规范对节能行为意愿有正向影响，营造良好的组织节能氛围可以促进员工节能。

（4）其他心理变量。有学者对影响居民节能行为的其他心理因素进行了研究，如行为意愿（Kara，1998；Kaisc et al.，1999；Michele et al.，2004；孙岩等，2007；曲英，2007；Bai and Liu，2013）、环境知识（Han et al.，2013；Carlsson-Kanyama，2005）、环境心理控制源（Cleveland et al.，2005；王建明和贺爱忠，2011；Schwepker and Cornwell，1991）、情感因素（Carrus et al.，2008；Meneses et al.，2010；汪兴东和景奉杰，2012；贺爱忠等，2013；王建明和吴龙昌，2015）等。

（二）情境变量

情境变量对环境行为有重要影响，许多学者对影响居民节能的产品属性、社会规范、宣传教育和信息反馈进行了研究。

（1）产品属性。大量研究表明，环保绿色产品的质量和可获得性、环保相关的设施齐备性以及布置合理性等因素对环境行为有显著影响（Young，1990；Chan，1999；Gaspar and Antunes，2011；Donovan and McMarthy，2002；蔡建林等，2012）。还有研究指出，节能产品的价格一般比普通产品高，资金不足会限制消费者的购买（Gillingham and Palmer，2014；马果等，2012）。Carlsson-Kanyama（2005）认为，居民居住区域的能源使用情况、能源获得便利性及公共供能类型是居民选择节能方式的一个重要影响因素。

（2）社会规范。社会规范是弱于法律效力的、指导或限制群体成员行为的规则和标准，可划分为“描述性规范”和“命令性规范”（Cialdini et al.，1990）。有研究发现，社会规范对节能行为有显著促进作用（Nolan et al.，2008；Midden and Ritsema，1983），描述性规范和命令性规范恰当结合在一起，能更好地正向促进节能行为的实施（Schultz et al.，2007）。

（3）宣传教育。有大量研究指出，节能宣传教育、能效标签和节能信息都有助于居民节能行为（Curtis et al.，1984；Ouyang and Hokao，2009；Ward et al.，2011；郭琪和樊丽明，2010；陈利顺，2009），节能行为相关宣传教育的作用比单纯经济型政策的作用效果更为持久（Reiss and White，2006；Abrahamse et al.，2005）。但也有研究认为，信息宣传不一定导致能源的节约（Abrahamse et al.，2005）。

（4）信息反馈。有研究表明，信息反馈对节能行为有积极影响（Chen et al.，2012；吴刚等，2011）。McCalley and Midden（2002）发现自我设定能源消费目标，并提供能源使用反馈信息可以促使消费者积极采用节能行为。自我反馈信息对居民节能起到了自我学习的促进作用（Darby，2006），连续的反馈可使人们意识到他们的日常行为是否节能，用能信息反馈促进节能（Mari，2008）。

（三）人口统计学因素

在人口统计学因素中，学者们主要研究了家庭特征、收入水平、受教育程度、年龄、性别等统计特征变量对居民节能行为的影响（EK and Söderholm，

2010；Druckman and Jackson，2008；DeWaters and Powers，2011；Carrico and Riemer，2011；岳婷，2014；杨树，2015）。

（1）家庭特征。现有研究关注家庭特征对居民节能行为的影响，如家庭规模（Gyberg and Palm，2009；孙岩，2013）、家庭中是否有儿童（Mcmakin，2002；Aydinalp et al.，2004）、家庭成员婚姻状况（Poortinga et al.，2003；Long，1993）、住宅类型（Barr et al.，2006）。然而，其中一些因素（如家庭中是否有儿童、家庭成员婚姻状况、住宅类型）对居民节能的影响，现有研究结论还存在分歧。

（2）收入。有研究表明，收入和节能行为之间有较强的相关性（Brandon and Lewis，1999），随着收入增加，家庭更倾向于节能（Samuelson and Biek，1991）。高收入家庭更倾向于通过技术改进而不是行为方式的改变来节能，低收入群体更倾向于采取日常的直接节能措施，减少其能耗支出（Stern and Gardner，1981；Poortinga et al.，2003；樊丽明和郭琪，2007）。

（3）其他人口统计学因素。有学者对影响居民节能行为的其他人口统计学因素进行了研究，如年龄（Shen and Saijo，2008；Lenzen et al.，2006；Sardianou，2007；Ma et al.，2013）、受教育水平（Poortinga et al.，2003；Curtis et al.，1984；Sardianou，2005）、性别（Barr et al.，2005；Raty and Carlsson-Kanyama，2010；龚文娟，2008）等。这些因素（如年龄、受教育水平、性别）对居民节能的影响，现有研究还存在分歧。

三、节能激励政策对居民节能行为影响的研究

Sardianou（2005）认为与家庭用能活动相关的政策激励主要有正向激励、反向激励和限制性激励三种。正向激励政策主要是通过税收优惠、补贴和资金奖励等鼓励节能；反向激励政策是通过惩罚性政策如提高能源价格、征收能源税等抑制能源消费；限制性激励政策是通过制定能效标准等规范用能行为。

（1）正向激励政策对居民节能行为的影响研究。正向激励政策对居民节能行为的影响有两种观点：一种观点认为正向激励政策与居民节能行为之间存在正相关关系。大量研究表明，税收优惠或者补贴是比较有效的正向政策，可以促进居民节能行为（Amstalden et al.，2007；Zhao et al.，2012；Yang et al.，2015）。还有研究指出，政府的补贴政策有效地促进了农村居民使用优质能源（沼气）节能（仇焕广等，2013；周曙东等，2009；胡浩等，2008；郑军，

2012；彭新宇，2007）。另一种观点认为特定的经济政策并不必然诱发居民节能行为。有研究认为，能源税收优惠不会激励节能行为（Walsh，1989），补贴政策未能有效刺激农村居民使用优质能源（清洁能源）（李岩岩等，2013；张磊等，2012），税收作为一种激励手段，其对能效投资的作用远没有想象的有效（Egmond et al.，2005）。税收、补贴等引导居民购买节能设备，作用仅限于一次性购买，而促进居民节能的政策效果取决于居民使用节能设备后对空闲时间的分配方式（Brenčič et al.，2009）。关于正向激励政策效果的争议，一方面源于研究者没有对节能行为的诱因源进行区分。Cameron（1985）认为节能行为分为自觉行为和引致行为，财税政策对这两类行为的影响不同，前者不需要税收优惠和补贴的刺激也能发生。如不对节能行为进行区分，正向激励政策的效果就会产生争议，但还有待进一步证明。另一方面，由于不同国家或同一国家不同时期的税收政策、补贴政策等的内容和力度不同，造成这些正向激励政策对居民能源消费带来的成本变化在消费者认知上存在差异（郭琪，2007），这也会导致正向激励政策的实施效果出现争议。

（2）反向激励政策对居民节能行为的影响研究。有研究表明，提高能源价格对居民节能有积极影响（Dillman，1983；Willemé，2003；Amstalden et al.，2007）。国内有学者研究发现，各个档次的电价差价越大，居民“阶梯电价”的节能减排效果越好（吴建宏，2013；曾鸣等，2011）。伍亚和张立（2015）研究表明，阶梯电价政策的实施对改善居民节能意愿有积极影响，并在短期内有明显的节能效果，但随着时间推移，节能效果有所减弱。

（3）限制性激励政策对居民节能行为的影响研究。周慧和张莹（2015）认为，能效标识是一种信息标识，可以为消费者提供各种不同产品的能耗信息，从而减轻消费者在选购节能产品时的信息不完全程度。郭琪和樊丽明（2007）提出积极推广能效标准和能效标识的使用，易于能源消费者了解电器和用具的用能状况，便于消费者选择节能项目。有研究表明，产品的能效标签政策能够有效促进居民的能效产品购买（Ward et al.，2011）。还有学者探讨限制性激励政策对农村居民应用优质能源（清洁能源）行为的影响，研究得出，要求规模养殖农户建沼气池的政策、加大政府环境监督力度都会显著促进农户进行能效投资（修建沼气池）（仇焕广等，2012；郭晓，2012）。

（4）不同类型政策影响效果的比较研究。近年来，一些学者对不同类型政策影响居民节能行为的影响效果进行比较研究（Lindén et al.，2006；Steg，2008；Abrahamse et al.，2005），试图通过政策效果对比来寻求激励居民节能行为的有效政策组合。国内学者杨树（2015）分析节能消费激励政策对城市居民新能源汽车购买的影响，发现信息政策感知有效性和补贴政策感知有效性对于购买意愿的影响略强于便利政策。芈凌云（2011）研究表明，“命令控制型政策”对“购买节能家电行为”和“住宅节能投资行为”产生了负向减弱作用，“经济激励型政策工具”和“自愿参与型政策工具”都对居民购买绿色能源行为、住宅节能投资行为起到很好的正向促进作用。岳婷（2014）研究得出，不同外部政策因素对不同类型节能行为的作用方向和强度有所不同。

四、文献述评

综上所述，国内外学者从不同的研究视角，围绕居民节能行为影响因素、引导政策对居民节能行为的影响等方面进行了广泛、深入研究，取得了丰硕的研究成果，为本书研究农村居民节能行为提供了良好的基础。但纵览现有的研究文献，发现已有研究至少在以下三个方面还有待改进：

（1）研究对象上。必须加强对农村居民节能行为的研究。2017 年我国农村居民人均生活用能量已经超过城镇以及全国的人均生活用能量。显然，我国居民生活能源需求增长的主要来源是农村居民，激励农村居民节能是推进我国居民节能的核心问题。但是已有研究更多的是探讨城市居民节能行为。本书认为，研究农村居民节能行为才是推进我国居民节能更为关键的一步，而此方面的研究成果鲜见。因此，研究农村居民节能行为可使政府节能激励政策更科学、更合理、更切实际，更具深层次的意义。

（2）研究理论上。居民节能行为形成机理的理论研究尚未形成一个通用的模型。现有研究主要从多学科整合的视角探讨城市居民节能行为的形成机理，受城乡二元经济结构的影响，中国城乡居民在生活方式和能源消费上存在显著差异，亟须对农村居民节能行为形成机理进行理论研究。

（3）研究内容上。①关于农村居民节能行为影响因素及其作用机理还需进一步深化。已有研究多集中于理论分析或个别因素的考量，且较少涉及深层次影响因素的探究，亟须全面系统的实证分析和深入科学的研究推进。②农村居民节能意识的形成还有待研究，现有的大部分研究将节能意识作为前置变量，而深入分析节能意识形成的文献鲜见。节能意识是农村居民实施节能行为的内部驱动力，会直接影响农村居民的节能行为，因此有必要探究农村居民节能意识的形成机制。③节能政策工具对农村居民节能行为的影响需要进一步深化。

已有研究更多的是对政策工具的实施效果进行定性描述，定量研究较少，比较分析不同政策工具对农村居民不同类型节能行为差异化影响的成果更是少见，探究其中的差别，有利于政府针对特定类型节能行为选择最优的节能政策工具。

第三节　农村居民节能行为的理论基础

一、计划行为理论模型

Ajzen（1991）提出计划行为理论（TPB），认为人的行为模式受到三项内在因素的影响：个人对行为的态度、主观规范和感知行为控制。通常而言，如果个体对某项行为的态度越积极、所感受到外部规范的压力越大、对该行为的感知控制越多，则个体采取该行为的意向越强。计划行为理论对于一般行为的决策过程具有很好的解释和预测力，已成为节能研究的理论基础。

二、价值—信念—规范理论

Stern（1999）提出了价值—信念—规范理论（VBN），2000 年又对该理论进行了完善。该理论结合心理学上的价值理论、规范激活理论及环境社会学的新生态范式理论，通过价值观、信念和规范三种变量之间的作用来解释环境行为的形成。VBN 理论将人的价值观划分为生态价值观、利己价值观和利他价值观三个维度，不同的价值观启发不同的生态范式，并使得个体认知到自我行为产生的后果，归因环境责任，从而产生环境责任感，实施积极的环境行为。模型还指出，各环节中的变量可越过下一个变量，直接影响下下一个变量，最终影响个体环保行为。该研究首次明确了环境价值观的类型和作用，为节能行为的研究开辟了新的视野。

三、负责任的环境行为模型

Hines et al.（1986）提出了一个负责任的环境行为模型（REB Model），认为行动技能、行动策略知识、环境问题知识和个性四个变量可通过环境行为意愿间接影响环境行为。首先，个体认识到环境问题的存在是行为实施先决因素。其次，行为主体的行为实施技能以及将已掌握的知识和技能转化为相关行为的策略知识也是行为实施的决定因素；但具备了问题意识和行为知识后，还要求个体具有内在的环境态度、控制观和责任感，这些因素综合作用于行为主体，使其产生一定的行为意愿，从而决定意愿是否转化为行为。该研究还表明，外部情境因素是实施环境行为的重要外因。

四、ABC 理论

Guagnano et al.（1995）提出 ABC 理论，个体行为不仅受到个体对实施特定行为所持态度的影响，同时还受到外部情境环境的影响，即环境行为是个体态度和外部环境条件两者相互作用的结果。当行为个体持有积极的环境态度，并且外部环境也有利时，个体就会产生积极的环境行为；反之，当行为个体持有消极的环境态度，且外部条件也不利时，个体就会产生消极的环境行为。ABC 理论的贡献在于提出环境行为是态度和外部环境共同作用的结果，强调外部条件对行为影响的重要性，为研究居民节能行为提供了一个新视角。

五、人际行为理论

人际行为理论（TIB）由 Triandis（1977）提出，它在计划行为理论的基础上进行了拓展，加入了习惯和情感变量（McDonald，2014）。人际行为理论认为态度、社会因素和情感是行为意向的三个前因，习惯和行为意向的作用相同，也能预测目标行为，并且便利条件对这两条路径都有调节作用（Bamberg et al.，2003）。有学者提出人际行为理论的使用频率比计划行为理论或规范激活理论少，主要是由于其复杂性；但是，将计划行为理论应用于特定行为时，人际行为理论比计划行为理论具有更多的附加探索价值。

六、行为推理理论

行为推理理论（BRT）认为价值观、全球动机（如态度、主观规范和感知控制）、意图和行为之间存在重要联系（Westaby，2005a）。行为合理性是指与个体行为解释相关的特定认知（Westaby，2003）。行为推理理论（BRT）中将全球动机定义为广泛的实质性因素，这些因素持续影响跨不同行为领域的意图。因此，态度、主观规范和知觉控制被归入这一分类，并且已被证明对意图有显著的预测意图（Ajzen，2001）。已有学者运用行为推理理论分析了个体绿色消费行为、可再生能源使用行为等（王建国等，2016；Claudy et al.，2013）。

七、知—信—行理论

在知—信—行理论模型（KAP）中，三者是相互关联的，"知"是行为的基本环节，代表的是学习和认知。"信"是行为的最初动力来源，代表的是信念和态度。"行"是行为的最终落实环节，代表的是个人的行为。知识是个体最先具备的，个体最先习得与行为有关的知识，然后对其进行思考整合，形成自我信念，并通过积极正确的态度去引导自己的行为。该理论被应用于公告卫生、教育和心理及行为科学领域。一些学者将知—信—行理论应用于居民资源节约问题（Laroche et al.，2002；Ehrampoush et al.，2005）。有部分学者在改进知—信—行理论的基础上，提出了知—情—意—行理论，其中，知是认知，即知道怎么做及做的目的；情是情感，是个体对行为的意图与遇到困难时的态度，即决定做与决心做。个体知道怎么做以及做的目的，具备做的心理环境，并且又愿意做，能够克服做时遇到的困难，个体行为就会开始并持续进行。知—情—意—行理论揭示了情感和意志因素在认知对行为影响中的中介作用，对于农村居民节能行为内在机理模型的构建有一定的启示意义。

八、认知失调理论

认知失调理论（CDT）是 Leon Festinger（1957）提出的阐释人的态度变化过程的社会心理学理论。认知失调是指由于做了一项与态度不一致的行为而引发的不舒服的感觉。认知失调理论认为，一般情况下，个体对于事物的态度以及态度和行为间是相互协调的；当出现不一致时，就会产生认知不和谐的状态，即认知失调，并会导致心理紧张。个体为了解除紧张会使用改变认知、增加新的认知、改变认知的相对重要性、改变行为等方法力图重新恢复平衡。

九、动机—机会—能力理论

Ölander and Thøgersen（1995）提出的动机—机会—能力模型（CMT）认为，能力会通过信念价值影响对行为的态度，社会规范和对行为的态度通过意向影响个体行为，能力和机会在意向影响个体行为中起调节作用。个体行为会影响能力和信念价值。其中，能力包括习惯和任务知识，而机会是情景状况，它类似人际行为理论中的促进性条件。该理论指出习惯不仅可以作为独立变量影响行为，而且可以作为意愿到行为的调节变量。动机—机会—能力理论可以很好地解释环境行为的内在机理，已得到广泛应用。

十、前置—进行理论

Green and Kreuter（1999）提出了前置—进行模型，该模型最初用于健康教育与健康促进计划，后来拓展到行为研究领域。在前置—进行模型中，前置变量主要是指影响环境的识别和评价的前倾要素、促成要素和强化要素。具体来说，前倾要素是生成特定行为的动机或愿望的因素，包括个体的态度、知识、信念和价值观等，它通过影响个体对行为的偏好进而促进行为的发生，是个体行为发生的内在驱动因素。促成要素是个体的动机或愿望得以实现的要素，包括技能、资源的可获得性和可利用性，它是个体行为得以发生的外在前提和实施基础。强化要素是行为发生的后继决定要素，包括其他个体或群体的态度、行为，各种信息反馈等，它可以增强个体特定行为的发生和实施，也可以减弱个体特定行为的发生和实施。前置—进行模型中的进行变量是指运用法律手段、经济手段、沟通手段、结构调节干预行为发生的过程。该理论为环境行为的政策引导和管制提供了思路和理论基础。

第三章　农村居民节能意识与节能行为现状研究

第一节　测量工具开发与数据收集

一、研究量表的开发

本书中研究量表开发具体过程如下：

（1）在阅读大量与节能行为相关的文献、深度访谈农村居民以及进行深入访谈专家的基础上，运用规范分析方法将农村居民节能行为划分为六类：节能管理行为、能源削减行为、能效投资行为、住宅投资节能行为、人际促进节能行为和间接日常节能行为，选出影响农村居民不同类型节能行为的变量。

（2）通过文献研究、专家访谈对相关变量和概念进行分析。通过访谈江西省节能部门相关负责人，了解居民节能方面相关引导政策、他们对引导政策的评价以及政策建议。在此基础上，通过深度访谈农村居民，了解农村居民对节能行为的认知、节能的态度、对节能政策的看法以及节能实施过程中的影响因素等。建立起农村居民不同类型节能行为的概念模型并提出研究假设。

（3）根据测量量表工具开发的原则，开发变量测量量表。通过邀请环境管理方面的专家，探讨农村居民节能行为的影响因素，考察本书中变量选择的合理性，变量概念化界定的合理性、量表构成和具体指标题项的设计等问题。在征询专家意见的基础上，确定测量量表的结构和部分变量的分析维度，初步形成量表的初始题项。通过对不同学历、收入和年龄的农村居民进行开放式访谈，核查影响农村居民节能行为的因素是否成立，农村居民实施节能行为的影响因素是什么，他们认为哪些因素比较重要，初步设立的指标题项是否符合农村居民的节能行为，农村居民是否理解问卷中的问题，测量题项中的语句是否符合农村居民的语言习惯等。通过深度访谈居民，修正测量题项的文字表述，保证指标题项的语言表述通俗易懂，在设计量表时删除一些影响不显著的因素。在居民访谈修改初始量表题项后，再次邀请环境管理方面的专家对量表进行阅读评估，从理论和实践的角度出发，判断每一个指标题项的设置是否合理，是否能够正确、清晰地反映出本书需要研究的内容和所要测量的变量，并对量表的内容效度进行检验。同时，请专家对题项的语言表述进行审阅，确保问卷中指标题项的语言表述没有歧义，通俗易懂，能够被不同阶层的被调查居民理解。在量表的开发过程中，对于现有研究中成熟的研究变量参考相关研究中的量表，结合农村居民的特征以及本书的具体问题进行修正。对于概念模型中没有成熟量表的变量，根据对农村居民的深度访谈采集的信息和其他文献信息进行自行开发。各研究变量的测量指标尺度形成完整的预调查问卷。

（4）根据确定的预调查问卷，采用面对面实地调研的形式进行预调研。运用 Stata 14.0 软件，对预调查问卷采集到的数据进行量表的信度和效度检验。根据检验结果删除和修改不能满足统计要求的测量指标题项，形成正式的调查问卷。

为保证调查问卷的质量，本书遵循以下原则设计量表：①在问卷结构方面。调查问卷包括问卷标题、问卷说明、题目、编码以及其他资料。②在问卷题目顺序方面。本书将同一主题的测量题项放在一起，将不同主题的测量题项区分开来，将被访者的人口统计特征资料放在问卷最后。③在调查问卷内容方面。调查问卷的题目要简单、清晰和口语化，每次只问一个问题；量表中所设计的问题应该界定清晰，不能出现模棱两可的情况；题目的设计需要采用中立性语言，避免采用引导性语句。

二、数据收集与样本特征

（一）数据收集

本书的研究对象为江西省农村居民，由于调查问卷中含有能效投资节能行为和住宅节能投资行为，因此，问卷调查对象是16周岁以上的农村居民。课题组2017年7月1~20日在南昌市、上饶市和赣州市等地深度访谈农村居民48人，根据农村居民深度访谈结果和文献资料设计出农村居民节能行为预调查问卷。2017 年 7 月 1 日至 8 月 15 日，采用入户调查的方式对九江市、上饶市、赣州市、丰城市、南昌市、高安市、瑞金市、吉安市、抚州市、新余市 10 个市的农村居民进行了预调研，共调研了 200 个农村居民，得到有效问卷 171 份，有效率为 85. 5%。根据预调研的分析结果修正和优化预调查问卷，最终形成正式的调查问卷。2017 年 11 月 1 日至 2018 年 2 月 10 日，对赣州市、瑞金市、南昌市、上饶市、丰城市、樟树市、宜春市、高安市、吉安市、九江市、抚州市、萍乡市、鹰潭市、景德镇市的农村居民进行正式的问卷调查，共实地调研 610 个农村居民，收回调查问卷 586 份。2018 年 5 月对部分样本市的农村居民进行了补充调查，实地调研 145 个农村居民，得到调查问卷 123 份。课题组对回收的调查问卷进行逐份检查，剔除存在漏题的问卷以及答题相互矛盾的问卷，得到有效问卷 602 份。两次实地调研共得到 709 份调查问卷，其中有效问卷数为 602 份，有效率为 84. 9%。

（二）样本特征

本书主要针对回收的有效问卷进行样本的特征分析，即分析样本在社会人口统计学变量上的分布情况。本书共计回收有效问卷 602 份，因个人节能行为受到家庭特征因素的影响，因此主要的人口统计学变量不仅包括个人的人口统计学变量，也包括部分家庭的人口统计学变量。

如表 3-1 所示，样本中男性 296 人，占总样本人数的 49. 17%；女性 306 人，占总样本人数的 50. 83%，被试中男性比例略微低于 2018 年我国居民的统计水平（51. 13%）。样本的年龄分布主要集中在 40 岁以上，41~50 岁的比例达 31. 73%，50 岁以上的比例达 23. 42%。样本中，有 74. 42%的农村居民的婚姻状况为已婚，未婚的占 25. 58%。参与此次调查样本的受教育水平较低，其中持有初中及以下学历的占 62. 46%，显著低于我国农村居民初中及以下学历所占比重（89. 25%）（2010 年中国第六次人口普查）。样本的收入水平具有一定差异。我国的统计数据显示，2018 年我国农村居民中收入水平最低的 20%群体的年可支配收入为 3666. 2 元，样本中年可支配收入水平低于 5000 元的占样本总量的 19. 60%；我国农村居民中收入水平最高的 20%群体的年可支配收入为 34042. 6 元，样本中高于 35000 元的占样本总量的 31. 73%。中等收入居民为农村居民的主体，亦是样本的主体。样本中年可支配收入在 5000~35000 元的占 48. 67%，其中 19. 77%的收入水平在 5000~20000 元，28. 90%的收入水平在 20001~35000 元，该收入水平的分布与我国农村居民的收入水平分布基本吻合。样本以未担任过村干部的农村居民为主，占比达94.68%，而仅有5.32%的农村居民担任过村干部。被调查样本中，54.49%有外出打工的经历，45.51%没有外出打工的经历。样本的家庭居住地以传统农村为主，占比达73.26%，次之为乡镇，占比达16.28%。

表3-1 人口统计学特征变量和家庭特征变量

统计指标	类别	样本量（个）	比例（%）
性别	女	306	50.83
	男	296	49.17
年龄	20岁以下	52	8.64
	20~30岁	171	28.41
	31~40岁	47	7.81
	41~50岁	191	31.73
	50岁以上	141	23.42
婚姻状况	未婚	154	25.58
	已婚	448	74.42
受教育程度	初中及以下	376	62.46
	高中	96	15.95
	本科及以上	130	21.59
年可支配收入	5000元以下	118	19.60
	5000~20000元	119	19.77
	20001~35000元	174	28.90
	35000元以上	191	31.73
是否担任过村干部	否	570	94.68
	是	32	5.32
是否外出打工过	否	274	45.51
	是	328	54.49
居住地	传统农村	441	73.26
	乡镇	98	16.28
	县城	46	7.64
	打工所在地	17	2.82

通过对比样本的人口统计学特征和我国农村居民的人口统计特征，总体来看，除了较低的受教育水平，样本较好地代表了我国的农村居民分布水平。

第二节 农村居民节能意识现状与差异分析

一、农村居民节能意识变量测量

关于环境意识的构成，已有研究得出较为一致的结论，即认为环境意识由环境态度（Hines et al.，1987；Jagodic et al.，2016；Laroche et al.，2001）、环境情感（Lacasse，2016；Martin and Simintiras，1995；Stern et al.，1999）、环境价值观（Larson et al.，2015；Nordlund and Garvill，2002；Straughan and Roberts，1999）等因素组成。借鉴已有环境意识研究成果并结合本书的研究目的，认为农村居民节能意识由节能态度、节能情感和生态价值观构成。农村居民节能意识参考了岳婷（2014）、王建明（2015）和Stern et al.（1999）的研究，结合农村居民的调研自行开发。农村居民节能意识变量采用Likert 7点计分量表，要求农村居民根据自身实际情况进行评价。测量变量的描述性统计如表3-2所示。

表3-2 农村居民节能意识变量的描述性统计分析结果

变量	测量题项	均值	标准差
节能意识	我觉得应该尽量节能	6.374	0.847
	看到别人节约能源，我会很赞许	5.698	1.224
	看到别人节约能源，我会很欣赏	5.723	1.174
	保护环境	5.797	1.108
	与自然和谐相处	5.975	1.115

二、农村居民节能意识量表的信度与效度分析

借助Stata14.0软件，先对农村居民节能意识量表进行KMO（Kaiser-Meyer-Olkin）值检验，结果如表3-3所示。从表3-3可知，农村居民节能意识量表的

KMO 值为 0.729（>0.7），样本分布的巴特利特球形检验（Bartlett's Test）卡方值为 1612.058，显著水平为 0.000，说明量表适合做因子分析。

表 3-3　KMO 和巴特利特球形检验结果

	KMO 检验	0.729
巴特利特球形检验	卡方值	1612.058
	自由度	10
	显著	0.000

为了更准确地检验测量指标能否真实反映所测量的变量，进一步对农村居民节能意识量表进行验证性因子分析。运用主成分分析法对农村居民节能意识的 5 个测量题项进行验证性因子分析，正交旋转后提取了一个因子，该因子的总方差解释率为 61.38%，说明提取的公因子对节能意识变量的解释率较高。采用因子载荷、平均方差抽取量（AVE）和组合信度（CR）检验收敛效度，检验结果如表 3-4 所示。农村居民节能意识变量标准化因子载荷均大于 0.65（>0.5）、潜变量平均抽取方差（AVE）值的平方根为 0.704（>0.5），都符合标准，这说明量表具有良好的收敛效度和建构效度。运用 Cronbach's α 系数和组合信度（CR）值对量表信度进行检验，结果显示 Alpha 值为 0.842（>0.5），CR 值都大于 0.82（>0.6），说明量表信度良好。从表 3-4 的检验结果可知，农村居民节能意识的量表有良好的建构效度，可信度较高。量表的组合信度（CR）值均在 0.75 以上，表明测量模型有良好的构念信度，模型内在质量理想。因此，总体上看，模型各变量都有较好的收敛效度，各潜变量有较好的信度。

表 3-4　农村居民节能意识量表信度和效度检验结果

潜变量	题项	CR	AVE	标准化因子载荷
节能意识	我觉得应该尽量节能	0.887	0.614	0.653
	看到别人节约能源，我会很赞许			0.835
	看到别人节约能源，我会很欣赏			0.824
	保护环境			0.827
	与自然和谐相处			0.763

三、农村居民节能意识现状分析

农村居民节能意识包含节能态度、节能情感和生态价值观，节能态度、节能情感现状分析结果如表3-5所示。在节能态度上，关于农村居民觉得应该尽量节能的问题，不同意的仅占0.8%，不确定的占1.8%，比较同意的占40.7%，非常同意的占56.6%，该题项测得的均值为4.53，远高于一般水平，说明总体上农村居民认为应该尽量节能。

表3-5　农村居民节能态度和节能情感状况

潜变量	节能态度	节能情感	
测量题项	我觉得应该尽量节能	看到别人节约能源，我会很赞许	看到别人节约能源，我会很欣赏
非常不同意（%）	0	1.00	0.70
比较不同意（%）	0.80	4.00	3.70
不确定（%）	1.80	8.60	8.50
比较同意（%）	40.70	56.60	58.00
非常同意（%）	56.60	29.70	29.20
均值	4.53	4.10	4.11
标准差	0.58	0.79	0.76

在节能情感上，关于农村居民看到别人节约能源时是否会很赞许的问题，非常不同意和比较不同意的占5.0%，不确定的占8.6%，比较同意和非常同意的占86.3%，所测得的均值为4.10，略高于一般水平，说明在总体上，农村居民会赞许别人的节约资源行为。而关于看到别人节约能源时农村居民是否会很欣赏的问题，非常不同意和比较不同意的占4.4%，不确定的占8.5%，比较同意和非常同意的占87.2%，该题项所测得的均值为4.11，高于一般水平，这表明农村居民总体上是会欣赏别人节约能源的。

生态价值观主要考察农村居民对防止污染、与自然和谐相处的看法，具体分析结果如表3-6所示。在保护环境上，认为保护环境比较不重要和非常不重要的占3.3%，一般的占8.8%，比较重要和非常重要的占87.9%，所测得该题项均值为4.16，高于一般水平，说明在总体上，农村居民还是认为保护环境是重要的。而在与自然和谐相处问题上，认为比较不重要和非常不重要的仅占3.4%，一般的占6.1%，比较重要和非常重要的占90.5%，所测得该题项均值为4.28，高于一般水平，这说明农村居民认为和自然和谐相处是重要的。

表 3-6 农村居民生态价值观状况

潜变量	生态价值观	
测量题项	防止污染	与自然和谐相处
非常不重要（%）	0	0.20
比较不重要（%）	3.30	3.20
一般（%）	8.80	6.10
比较重要（%）	56.50	49.50
非常重要（%）	31.40	41
均值	4.16	4.28
标准差	0.71	0.73

综上所述，无论是节能态度、节能情感，还是生态价值观，题项的均值高于一般水平，这说明在总体上农村居民具备较好的节能意识。

四、农村居民节能意识差异性分析

（一）节能态度差异性分析

对性别进行独立样本 T 检验，对年龄、文化程度和年可支配收入进行单因素方差分析检验，具体检验结果如表 3-7 所示。从表 3-7 可知，在性别差异上，男性与女性在节能态度上不存在显著性差异，但是女性的节能态度要略强于男性（4.54>4.52）；在年龄差异上，由单因素方差分析可知，不同年龄的农村居民在节能态度上不存在显著差异，进一步分析发现，20 岁以下农村居民的节能态度意识最强（4.60）；同时单因素方差分析结果显示，不同文化程度之间存在显著性差异，进一步分析发现，文化程度越高，节能态度会越强；在年可支配收入差异上，由分析可知不同收入水平之间无显著性差异，年可支配收入在 10000 元以下的农村居民的节能态度最强（4.64）。

表 3-7 节能态度差异性状况

变量	指标	均值	标准差	F 值
性别	女	4.54	0.56	1.235
	男	4.52	0.60	
年龄	20 岁以下	4.60	0.72	1.145
	20~30 岁	4.59	0.52	
	31~40 岁	4.51	0.66	
	41~50 岁	4.47	0.54	
	50 岁以上	4.52	0.62	
文化程度	初中及以下	4.48	0.58	4.263**
	高中	4.55	0.65	
	本科及以上	4.65	0.49	
年可支配收入	10000 元以下	4.64	0.54	1.947
	10000~30000 元	4.46	0.64	
	30001~50000 元	4.52	0.54	
	50001~100000 元	4.52	0.58	
	100000 元以上	4.53	0.57	

注：*、**、*** 分别表示 10%、5%、1%的显著性水平。

（二）节能情感差异性分析

从表 3-8 可知，通过独立性 T 检验，在性别上，男性与女性在节能情感上并不存在显著性差异，但是男性的行为赞赏感要略强于女性（4.11>4.10）；在年龄上由单因素方差分析可知，不同年龄之间也无显著差异，进一步分析发现，30 岁以下的农村居民的行为赞赏感最强（4.18）；在文化程度差异特征上，通过分析可知不同文化程度之间存在显著性差异，同时文化程度越高，行为赞赏感越强；通过单因素方差分析可知，不同范围的年可支配收入的农村居民在行为赞赏感上无显著性差异，进一步分析可知，年可支配收入在 10000 元以下的行为赞赏感最强（4.21）。

表 3-8 节能情感差异性状况

变量	指标	均值	标准差	F 值
性别	女	4.10	0.75	0.207
	男	4.11	0.73	
年龄	20 岁以下	4.18	0.72	0.886
	20~30 岁	4.18	0.66	
	31~40 岁	4.00	0.75	
	41~50 岁	4.07	0.79	
	50 岁以上	4.09	0.77	
文化程度	初中及以下	4.05	0.78	3.462**
	高中	4.20	0.70	
	本科及以上	4.22	0.63	
年可支配收入	10000 元以下	4.21	0.64	1.112
	10000~30000 元	4.06	0.78	
	30001~50000 元	4.09	0.71	
	50001~100000 元	4.05	0.80	
	100000 元以上	4.17	0.93	

注：*、**、*** 分别表示 10%、5%、1%的显著性水平。

（三）生态价值观差异性分析

从表 3-9 可知，在性别上，男性与女性在生态价值观上无显著性差异，同时男性的保护环境和与自然和谐相处意识（4.24）与女性（4.22）基本相同；在年龄特征上，由单因素方差分析可知不同年龄之间不存在显著性差异，进一步分析发现，年龄在 20 岁以下的被访者生态价值观意识最强，31~40 岁的农村居民次之，再次是 20~30 岁的农村居民，然后是 50 岁以上的农村居民，最后是 41~50 岁的农村居民；通过单因素方差分析可知不同文化程度之间存在显著性差异，文化程度越高，生态价值观越强；在年可支配收入上，单因素方差分析结果显示，不同的年可支配收入之间的农村居民在生态价值观上无显著性差异，进一步分析可知，年可支配收入在 10000 元以下的农村居民的生态价值观意识最为强烈（4.29）。

表 3-9 生态价值观差异性状况

变量	指标	均值	标准差	F 值
性别	女	4.22	0.66	0.538
	男	4.24	0.69	
年龄	20 岁以下	4.43	0.69	1.570
	20~30 岁	4.24	0.59	
	31~40 岁	4.28	0.72	
	41~50 岁	4.18	0.67	
	50 岁以上	4.20	0.74	
文化程度	初中及以下	4.17	0.71	3.837***
	高中	4.29	0.68	
	本科及以上	4.35	0.55	
年可支配收入	10000 元以下	4.29	0.60	0.473
	10000~30000 元	4.19	0.80	
	30001~50000 元	4.21	0.65	
	50001~100000 元	4.23	0.63	
	100000 元以上	4.27	0.54	

注：*、**、*** 分别表示 10%、5%、1%的显著性水平。

第三节 农村居民节能行为现状与差异分析

一、农村居民节能行为变量测量

借鉴已有居民节能行为的研究成果，本书将“农村居民节能行为”界定为：农村居民在生活中为减少能源消费而采取的行动，包括节能管理行为、能源削减行为、能效投资行为、住宅投资节能行为、人际促进节能行为和间接日常节能行为。节能管理行为改编自 Sutterlin et al.（2011）、芈凌云等（2016）、岳婷（2014）的研究，包含 3 个题项；能源削减行为的测量参考了 Lindén and Klintman et al.（2003）、Lindén and Klintman（2003）、Barr et al.（2005）、Martiskainen（2007）等的研究，包含 3 个题项；能效投资行为借鉴芈凌云等（2016）、Sütterlin et al.（2013）的研究，包含 4 个题项；住宅投资节能行为的测量参考了芈凌云等（2016）的研究，包含 3 个题项；人际促进节能行为的测量改编自岳婷（2014）、芈凌云（2011）的研究，包含 3 个题项；间接日常节能行为的测量参考了 Sütterlina et al.（2011）、Yang et al.（2016）的研究，包含 3 个题项。

农村居民节能行为变量均采用 Likert 7 点计分量表，要求农村居民根据自身实际情况进行评价。测量变量的描述性统计如表 3-10 所示。

表 3-10　农村居民节能行为变量的描述性统计分析结果

变量	代码	测量题项	均值	标准差
节能管理行为（NGL）	NGL1	离开房间时，随手关灯	5.233	1.545
	NGL2	家用电器不使用时，关闭电源	4.610	1.626
	NGL3	做饭时，注意调节火苗以减少燃气浪费	5.887	1.332
能源削减行为（XJ）	XJ1	尽可能少使用家用电器（如电视、风扇、洗衣机等）	4.688	1.897
	XJ2	使用空调或取暖器时，通过增减衣物来适应室温以减少能耗	5.140	1.849
	XJ3	尽量减少冰箱的开关门次数	5.457	1.642
能效投资行为（NX）	NX1	我家购买的灯具，大都是节能灯	5.761	1.397
	NX2	我家买的空调、冰箱等家电产品大都是节能型的	5.691	1.352
	NX3	我家购买的厨卫设施，大都是节能型产品	5.435	1.426
	NX4	买家电时我会首选有节能标签的产品	5.506	1.487
住宅投资节能行为（ZZ）	ZZ1	住宅装修或装饰时，我购买的是节能环保型材料	6.425	1.203
	ZZ2	我会在住宅节能上主动投资	5.900	1.456
	ZZ3	在做新房时我会考虑住宅的节能设计（如自然采光、通风等）	5.359	1.706
人际促进节能行为（RJ）	RJ1	我会主动向亲朋好友或邻居建议节能，分享节能经验	4.659	1.742
	RJ2	我参加了“世界节能日”活动	2.988	2.026
	RJ3	我参加了“地球一小时”的全球熄灯一小时活动	3.141	2.122
间接日常节能行为（JJ）	JJ1	我会尽量选择购买当季的蔬菜和水果	5.887	1.327
	JJ2	尽量选择本地产的蔬菜和水果	5.462	1.584
	JJ3	选择购买简单包装的商品	5.128	1.562

二、农村居民节能行为量表的信度与效度分析

运用Stata14.0软件，对各潜变量的量表进行KMO（Kaiser-Meyer-Olkin）值检验，结果如表3-11所示。从表3-11可知，各潜变量对应分量表的KMO值均大于0.592（>0.5），Bartlett球形检验结果均显著，说明量表适合做因子分析。为了更准确地检验测量指标能否真实反映所测量的变量，进一步对量表进行验证性因子分析。运用主成分分析法对农村居民节能管理行为进行验证性因子分析，正交旋转后提取了一个因子，该因子的累计解释方差达到61%，说明提取的公因子对农村居民节能管理行为变量的解释率较高。采用主成分分析法分别对能源削减行为、能效投资节能行为、住宅投资节能行为、人际促进节能行为和间接日常节能行为进行验证性因子分析，结果显示，能源削减行为、能效投资节能行为、住宅投资节能行为、人际促进节能行为和间接日常节能行为的累计解释方差分别为63.1%、63.1%、60.46%、68.2%、63.56%，表明提取的公因子对各变量的解释率较高。

采用因子载荷、平均方差抽取量（AVE）和组合信度（CR）检验收敛效度，检验结果如表3-11所示。各变量的标准化因子载荷均大于0.63（>0.5）、平均抽取方差（AVE）值均大于0.604（>0.5），都符合标准，说明量表有良好的收敛效度和建构效度。运用Cronbach's α系数和组合信度（CR）值对量表进行信度检验，结果显示各潜变量的Cronbach's α系数均高于0.6，CR值都大于0.82（>0.6），说明量表的内部一致性较好，调查问卷的可信度较高。因此，从总体上看，各潜变量的收敛效度较好，信度较高。

表3-11 效度与信度分析结果

变量	代码	KMO值	α值	CR	AVE	Bartlett检验（显著性）
节能管理行为（NGL）	NGL1	0.641	0.664	0.824	0.610	298.505（0.000）
	NGL2					
	NGL3					

续表

变量	代码	KMO 值	α 值	CR	AVE	Bartlett 检验（显著性）
能源削减行为（XJ）	XJ1	0.665	0.707	0.8368	0.631	334.066（0.000）
	XJ2					
	XJ3					
能效投资节能行为（NX）	NX1	0.810	0.848	0.899	0.691	1035.93（0.000）
	NX2					
	NX3					
	NX4					
住宅节能投资行为（ZZ）	ZZ1	0.640	0.672	0.8203	0.604	285.646（0.000）
	ZZ2					
	ZZ3					
人际促进节能行为（RJ）	RJ1	0.592	0.764	0.863	0.682	687.412（0.000）
	RJ2					
	RJ3					
间接日常节能行为（JJ）	JJ1	0.626	0.707	0.8386	0.6355	381.996（0.000）
	JJ2					
	JJ3					

三、农村居民节能行为现状分析

在农村居民节能行为的测量中采用的是 Likert 7 级量表，其中“7”表示农村居民总是发生节能行为，“6”表示农村居民经常发生节能行为，“5”表示农村居民时常发生节能行为，当得分低于 4 时，表示农村居民较少发生节能行为，对环境具有“劣性”的损害特征（Chen et al.，2017），因此，本书将均值低于 4 分的节能行为定义为劣性值。

根据回收调查问卷的样本数据进行统计分析，分析结果如表 3-12 所示，农村居民节能行为的总体均值为 5.064，处于较好的水平，劣性值检出率为 10.963%，说明总体上有 90%的农村居民在生活中实施了节能行为。

表 3-12 农村居民节能行为的描述性统计结果

变量	均值	标准差	劣性值（均值<4）	
			频数	检出率（%）
节能行为	5.064	0.899	66	10.963
节能管理行为	5.895	1.136	35	5.813
能效投资节能行为	5.600	1.174	56	9.000
能源削减行为	5.095	1.429	114	18.936
人际促进节能行为	3.596	1.623	335	55.648
住宅投资节能行为	5.246	1.203	71	11.794
日常间接节能行为	5.502	1.227	50	8.306

在节能行为的各个维度中，节能管理行为的均值最高（5.895），能效投资节能行为（5.600）次之，说明农村居民倾向于通过改变日常用能习惯和购买节能家用电器进行节能。能源削减行为、住宅投资节能行为和日常间接节能行为的均值都在5以上，劣性值检出率均低于20%，说明从总体上看，绝大部分农村居民愿意降低一定生活品质，通过改变日常的用能方式减少用能量，购买能耗较低的产品，在住宅建设、装修过程中购买环保型材料。均值最低的为人际促进节能行为（3.596），其劣性值检出率高达55.648%，可以看出，在农村地区通过主动的人际活动促进他人节能的居民较少。

四、农村居民节能行为的个体间差异分析

本书主要通过独立样本T检验（Independent Sample T-test）、单因素方差分析（One-Way ANOVA）及均值分析的方法探讨农村居民节能行为在社会人口统计变量上的差异性。

（一）性别

将农村居民节能行为的各维度作为因变量，性别分组为分组变量，对男性和女性样本在节能行为各维度上存在的差异性进行独立样本T检验，数据分析结果如表3-13所示。独立样本T检验中，若方差方程的Levene检验显著，则假设方差不相等，若方差方程的Levene检验不显著，那么假设方差相等。可以看出，人际促进节能行为在性别上存在显著差异，而节能管理行为、能源削减行为、能效投资

节能行为、住宅投资节能行为和日常间接节能行为在性别上均不存在显著的差异。

表 3-13 农村居民节能行为在性别上的 T 检验结果

行为		方差方程的 Levene 检验		均值方程的 t 检验				
		F	Sig.	t	df	Sig.	均值差值	标准误差值
节能管理行为	假设方差相等	0.255	0.613	1.186	600.000	0.236	0.110	0.093
	假设方差不相等			1.185	595.385	0.237	0.110	0.093
能源削减行为	假设方差相等	2.890	0.090	-0.930	600.000	0.352	-0.108	0.116
	假设方差不相等			-0.932	597.210	0.352	-0.108	0.116
能效投资节能行为	假设方差相等	1.155	0.283	-0.526	599.000	0.599	-0.050	0.096
	假设方差不相等			-0.526	591.657	0.599	-0.050	0.096
人际促进节能行为	假设方差相等	3.462	0.063	-2.224	600.000	0.026	-0.293	0.132
	假设方差不相等			-2.221	592.555	0.027	-0.293	0.132
住宅投资节能行为	假设方差相等	3.361	0.067	-1.585	600	0.113	-0.151	0.095
	假设方差不相等			-1.582	588.594	0.114	-0.151	0.095
日常间接节能行为	假设方差相等	0.002	0.968	0.441	600	0.659	0.043	0.097
	假设方差不相等			0.441	598.207	0.659	0.043	0.097

进一步地，对在性别上存在显著差异的因变量（人际促进节能行为）进行均值比较，结果如表 3-14 所示，相比于女性，男性在人际促进节能行为上的均值更高，更容易发生人际促进节能行为。这可能是由于男性环境责任感比女性强，为了保护环境，更倾向于通过自己的人际活动促进他人节能。

表 3-14 不同性别下农村居民节能行为的均值比较

行为	女	男
节能管理行为	1.554	1.682
能源削减行为	5.949	5.839
能效投资节能行为	5.575	5.626
人际促进节能行为	3.452	3.745
住宅节能投资行为	5.169	5.32
日常间接节能行为	5.513	5.471

（二）年龄

将农村居民节能行为的各维度作为因变量，年龄作为分组变量，对不同年龄段个体在垃圾分类行为各维度上存在的差异性进行单因素方差分析，结果如表 3-15 所示。从表 3-15 可以看出，节能管理行为、能源削减行为和日常间接节能行为在年龄上具有显著的差异，而能效投资节能行为、住宅节能投资行为和人际促进节能行为在年龄上并不存在显著性差异。

表 3-15 农村居民节能行为在年龄上的单因素方差分析结果

行为	类型	平方和	df	均方	F	显著性
节能管理行为	组间	15.547	4	3.89	3.05	0.02
	组内	760.679	597	1.27		
	总数	776.226	601			
能源削减行为	组间	32.148	4	8.04	4.02	0.00
	组内	1194.344	597	2.00		
	总数	1226.492	601			
能效投资节能行为	组间	8.436	4	2.11	1.54	0.190
	组内	817.961	596	1.37		
	总数	826.397	600			
人际促进节能行为	组间	15.331	4	3.83	1.46	0.21
	组内	1568.470	597	2.63		
	总数	1583.801	601			
住宅节能投资行为	组间	8.018	4	2.01	1.47	0.211
	组内	815.487	597	1.37		
	总数	823.505	601			
日常间接节能行为	组间	18.357	4	4.59	3.31	0.011
	组内	828.988	597	1.39		
	总数	847.345	601			

进一步地，本书对节能管理行为、能源削减行为和日常间接节能行为的得分均值进行了比较，结果显示（见表 3-16），随着农村居民年龄的增长，节能管理行为均值呈“勾型”（见图 3-1（a））变化趋势。随着年龄的增长，农村居民能源削减行为均值趋势与节能管理行为相同（见图 3-1（b））。日常间接

节能行为均值随着年龄的增长，呈现出逐渐上升的趋势（见图 3-1（c））。可能是由于在日常生活消费品中，能源消耗较少的产品通常价格比较低，相对于年轻人，年龄大的农村居民更节俭，他们更倾向于购买价格比较低的日常消费品。

表 3-16 不同年龄段的农村居民节能行为的均值比较

行为	类型	20 岁以下	20~30 岁	31~40 岁	41~50 岁	50 岁以上
节能管理行为	均值	5.85	5.66	5.88	5.99	6.07
	标准差	1.06	1.15	1.18	1.08	1.18
能源削减行为	均值	4.84	4.8	5.15	5.21	5.38
	标准差	1.50	1.47	1.52	1.29	1.43
能效投资节能行为	均值	5.43	5.68	5.60	5.70	5.43
	标准差	1.41	0.97	1.25	1.09	1.36
人际促进节能行为	均值	3.65	3.83	3.56	3.45	3.50
	标准差	1.80	1.61	1.73	1.54	1.64
住宅节能投资行为	均值	5.05	5.37	5.36	5.25	5.11
	标准差	1.31	1.10	1.16	1.22	1.12
日常间接节能行为	均值	5.26	5.29	5.39	5.61	5.69
	标准差	1.28	1.16	1.20	1.10	1.25

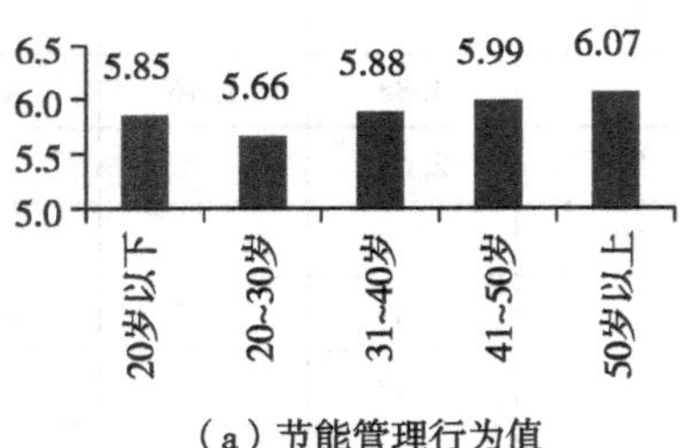

（a）节能管理行为值

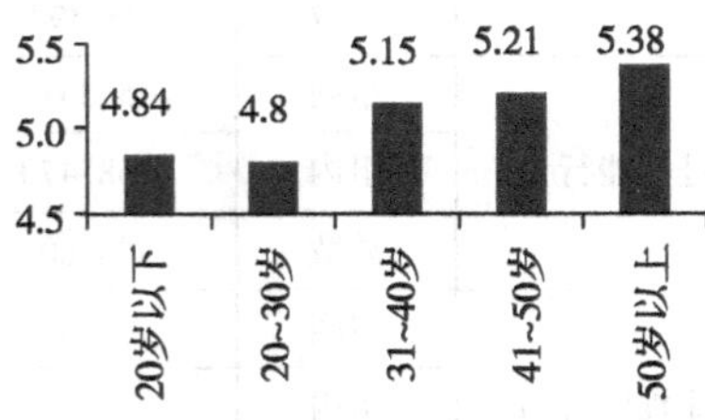

（b）能源削减行为值

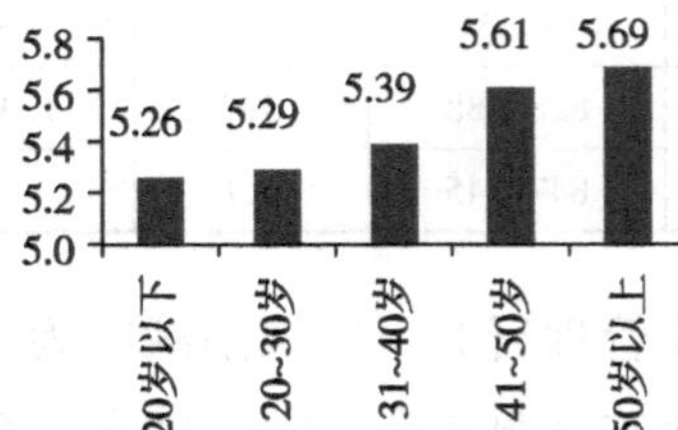

（c）日常间接节能行为值

图 3-1 不同年龄段农村居民节能行为的均值比较

（三）婚姻状况

将农村居民节能行为的各维度作为因变量，婚姻状况作为分组变量，对不同婚姻状况的个体在节能行为各维度上存在的差异性进行单因素方差分析，结果如表3-17所示。能源削减行为、人际促进节能行为和日常间接节能行为在农村居民的婚姻状况中具有显著差异性，而节能管理行为、能效投资节能行为和住宅投资节能行为则不存在显著的差异。

表3-17　农村居民节能行为在婚姻状况上的单因素方差分析结果

行为	类型	平方和	df	均方	F	显著性
节能管理行为	组间	15.547	4	3.89	3.05	0.02
	组内	760.679	597	1.27		
	总数	776.226	601			
能源削减行为	组间	32.148	4	8.04	4.02	0.000
	组内	1194.344	597	2.00		
	总数	1226.492	601			
能效投资节能行为	组间	0.997	1	1.00	0.72	0.395
	组内	825.401	599	1.38		
	总数	826.397	600			
人际促进节能行为	组间	15.331	4	3.83	1.46	0.210
	组内	1568.470	597	2.63		
	总数	1583.801	601			
住宅节能投资行为	组间	2.487	1	2.49	1.82	0.178
	组内	821.019	600	1.37		
	总数	823.505	601			
日常间接节能行为	组间	4.026	1	4.03	2.87	0.091
	组内	843.319	600	1.41		
	总数	847.345	601			

进一步地，本书对能源削减行为、人际促进节能行为和日常间接节能行为的得分均值进行了比较，结果显示（见表3-18），已婚农村居民能源削减行为的均值高于未婚居民，更容易实施能源削减行为；而已婚农村居民人际促进节

能行为的均值高于未婚农村居民，更可能发生人际促进节能行为；已婚农村居民的日常间接节能行为的均值高于未婚居民，这说明已婚农村居民主要通过能源消耗少的日常消费品来间接节能。

表 3-18 不同婚姻状况下的农村居民节能行为的均值比较

行为	未婚	已婚
节能管理行为	5.82	5.92
能源削减行为	4.82	5.19
能效投资节能行为	5.67	5.58
人际促进节能行为	3.81	3.52
住宅节能投资行为	5.35	5.21
日常间接节能行为	5.35	5.54

（四）受教育程度

将农村居民节能行为的各维度作为因变量，受教育程度作为分组变量，对不同教育程度的个体在节能行为各维度上存在的差异性进行单因素方差分析，结果如表 3-19 所示，可以看出，能源削减行为和人际促进节能行为在农村居民的学历状况上具有显著性差异，而节能管理行为、能效投资节能行为、住宅节能投资行为和日常间接节能行为均不存在显著的差异。

表 3-19 农村居民节能行为在学历上的单因素方差分析结果

行为	类型	平方和	df	均方	F	显著性
节能管理行为	组间	4.026	2	2.01	1.56	0.211
	组内	772.200	599	1.29		
	总数	776.226	601			
能源削减行为	组间	15.757	2	7.88	3.90	0.021
	组内	1210.734	599	2.02		
	总数	1226.492	601			
能效投资节能行为	组间	3.403	2	1.70	1.24	0.291
	组内	822.995	598	1.38		
	总数	826.397	600			

续表

行为	类型	平方和	df	均方	F	显著性
人际促进节能行为	组间	26.838	2	13.42	5.16	0.006
	组内	1556.962	599	2.60		
	总数	1583.801	601			
住宅节能投资行为	组间	5.266	2	2.63	1.93	0.146
	组内	818.240	599	1.37		
	总数	823.505	601			
日常间接节能行为	组间	5.352	2	2.68	1.90	0.150
	组内	841.993	599	1.41		
	总数	847.345	601			

进一步地，本书对不同学历的农村居民节能行为得分均值进行了比较，结果显示（见表3-20），随着农村居民受教育程度的提高，能源削减节能行为得分均值表现出逐步下降的趋势（见图3-2）。随着农村居民受教育程度的提高，人际促进节能行为均值呈现出逐步上升的趋势（见图3-2），表明学历越高的农村居民越会通过主动的人际关系促进他人节能，这可能是由于随着受教育程度的提高，农村居民的环境意识和公民意识在不断增强，因而其人际促进节能行为得分均值逐步增大。

表3-20 不同学历的农村居民节能行为均值比较

行为	初中及以下	高中	本科及以上
节能管理行为	5.96	5.76	5.82
能源削减行为	5.22	4.94	4.85
能效投资节能行为	5.55	5.65	5.73
人际促进节能行为	3.46	3.6	3.99
住宅节能投资行为	5.17	5.33	5.39
日常间接节能行为	5.56	5.32	5.42

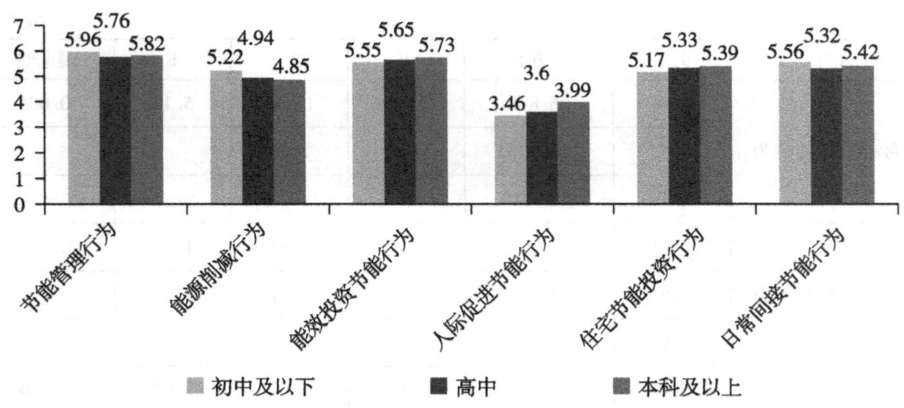

图 3-2 不同学历农村居民节能行为均值比较

（五）收入

将农村居民节能行为的各维度作为因变量，年可支配收入作为分组变量，对不同年可支配收入水平个体在节能行为各维度上存在的差异性进行单因素方差分析，结果显示（见表 3-21），农村居民节能行为各维度在年可支配收入上均不存在显著的差异性。

表 3-21 农村居民节能行为在年可支配收入上的单因素方差分析结果

行为	类型	平方和	df	均方	F	显著性
节能管理行为	组间	2.296	4	0.57	0.44	0.778
	组内	773.930	597	1.30		
	总数	776.226	601			
能源削减行为	组间	8.468	4	2.12	1.04	0.387
	组内	1218.024	597	2.04		
	总数	1226.492	601			
能效投资节能行为	组间	8.005	4	2.00	1.46	0.214
	组内	818.393	596	1.37		
	总数	826.397	600			
人际促进节能行为	组间	18.705	4	4.68	1.78	0.130
	组内	1565.096	597	2.62		
	总数	1583.801	601			

续表

行为	类型	平方和	df	均方	F	显著性
住宅节能投资行为	组间	9.502	4	2.38	1.74	0.139
	组内	814.003	597	1.36		
	总数	823.505	601			
日常间接节能行为	组间	7.249	4	1.81	1.29	0.273
	组内	840.096	597	1.41		
	总数	847.345	601			

（六）居住地

将农村居民节能行为的各维度作为因变量，居住地作为分组变量，对不同居住地在节能行为各维度上存在的差异进行单因素方差分析，从数据分析结果（见表3-22）可以看出，人际促进节能行为和住宅节能投资行为在居住地上存在显著的差异性，而节能管理行为、能源削减行为、能效投资节能行为和日常间接节能行为在居住地上不存在显著性差异。

表3-22 农村居民节能行为在家庭住址上的单因素方差分析结果

行为	类型	平方和	df	均方	F	显著性
节能管理行为	组间	1.243	3	0.41	0.32	0.811
	组内	774.983	598	1.30		
	总数	776.226	601			
能源削减行为	组间	10.242	3	3.41	1.68	0.170
	组内	1216.250	598	2.03		
	总数	1226.492	601			
能效投资节能行为	组间	0.299	3	0.10	0.07	0.975
	组内	826.098	597	1.38		
	总数	826.397	600			
人际促进节能行为	组间	30.735	3	10.25	3.94	0.008
	组内	1553.065	598	2.60		
	总数	1583.801	601			

续表

行为	类型	平方和	df	均方	F	显著性
住宅节能投资行为	组间	10.706	3	3.57	2.63	0.050
	组内	812.800	598	1.36		
	总数	823.505	601			
日常间接节能行为	组间	8.179	3	2.73	1.94	0.121
	组内	839.166	598	1.40		
	总数	847.345	601			

进一步地，本书对住宅节能投资行为和人际促进节能行为的得分均值进行了比较，结果显示（见表3-23），居住在打工所在地的农村居民的住宅节能投资行为的得分最高（见图3-3（a）），居住在打工所在地的农村居民的人际促进节能行为的得分最高（见图3-3（b）），可能是由于在打工所在地，农村居民日常生活中接触到的人更多，人际间相互影响会更加明显，因此，他们更易通过人际关系引导身边更多的人节能。

表3-23 不同居住地的农村居民节能行为均值比较

行为	类型	传统农村	乡镇	县城	打工所在地
节能管理行为	均值	5.15	5.03	4.67	5.12
	标准差	3.68	3.54	2.83	3.75
能源削减行为	均值	5.91	5.85	5.82	6.10
	标准差	5.15	5.03	4.67	5.12
能效投资节能行为	均值	5.60	5.58	5.59	5.72
	标准差	1.20	1.10	1.04	1.26
人际促进节能行为	均值	3.88	3.81	3.16	3.90
	标准差	5.91	5.85	5.82	6.10
住宅节能投资行为	均值	5.23	5.34	4.95	5.82
	标准差	1.20	0.97	1.23	1.04
日常间接节能行为	均值	5.54	5.51	5.17	5.12
	标准差	1.19	1.03	1.20	1.67

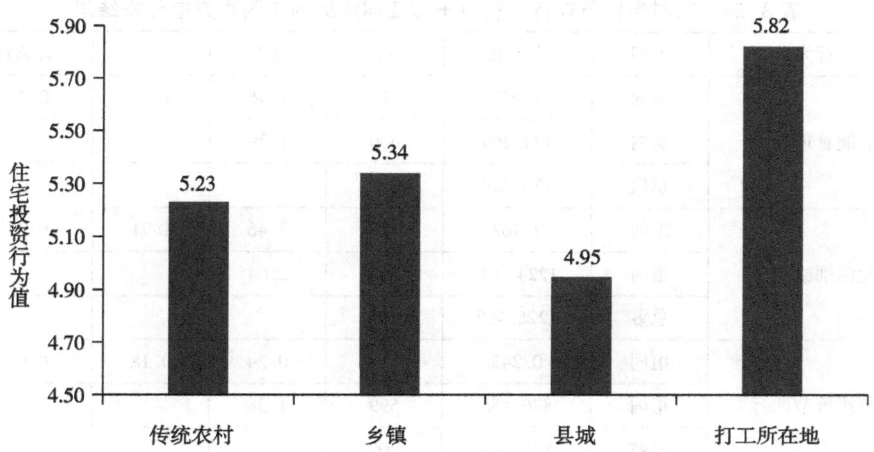

图 3-3（a）　不同居住地的农村居民住宅节能投资行为均值比较

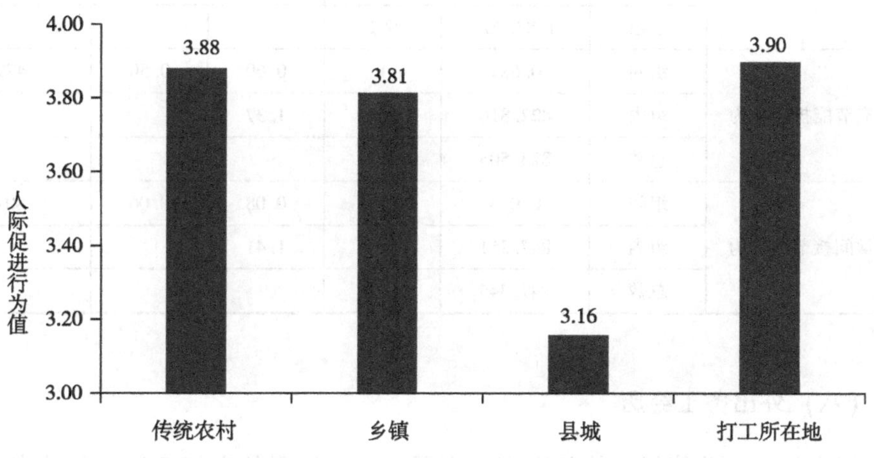

图 3-3（b）　不同居住地的农村居民人际促进节能行为均值比较

（七）干部任职经历

将农村居民节能行为的各维度作为因变量，村干部任职情况作为分组变量，对是否担任过村干部在节能行为各维度上存在的差异进行单因素方差分析，结果显示（见表 3-24），农村居民节能行为的各维度在是否担任过村干部上不存在显著的差异性，可能是村干部在日常生活中并未率先节能。

表 3-24　农村居民节能行为在村干部任职经历的单因素方差分析结果

行为	类型	平方和	df	均方	F	显著性
节能管理行为	组间	1.957	1	1.96	1.52	0.219
	组内	774.269	600	1.29		
	总数	776.226	601			
能源削减行为	组间	2.462	1	2.46	1.21	0.272
	组内	1224.030	600	2.04		
	总数	1226.492	601			
能效投资节能行为	组间	0.242	1	0.24	0.18	0.675
	组内	826.155	599	1.38		
	总数	826.397	600			
人际促进节能行为	组间	1.289	1	1.29	0.49	0.485
	组内	1582.512	600	2.64		
	总数	1583.801	601			
住宅节能投资行为	组间	0.689	1	0.69	0.50	0.479
	组内	822.816	600	1.37		
	总数	823.505	601			
日常间接节能行为	组间	0.084	1	0.08	0.06	0.807
	组内	847.261	600	1.41		
	总数	847.345	601			

（八）外出务工经历

将农村居民节能行为的各维度作为因变量，是否外出打工过，即外出务工经历作为分组变量，对不同的外出务工经历在节能行为各维度上存在的差异进行单因素方差分析，结果显示（见表 3-25），住宅节能投资行为在外出务工经历上具有显著的差异性，而节能管理行为、能源削减行为、能效投资节能行为、人际促进节能行为、日常间接节能行为在外出务工经历上不存在显著的差异性。

进一步地，本书对不同外出务工经历的农村居民住宅节能投资行为得分均值进行了比较，结果显示（见表 3-26），有外出务工经历农村居民的得分均值明显大于没有外出务工经历农村居民的均值，原因在于：一方面，居民外出打工可以了解更多的信息（如国家的节能政策、环境保护以及住宅节能方面的知识），增强了他们的环保意识；另一方面，农村居民外出打工可以提高他们的家庭收入水平，使其有能力进行住宅的节能投资。

表 3-25 农村居民节能行为外出务工经历的单因素方差分析结果

行为	类型	平方和	df	均方	F	显著性
节能管理行为	组间	0.343	1	0.34	0.27	0.607
	组内	775.883	600	1.29		
	总数	776.226	601			
能源削减行为	组间	1.065	1	1.07	0.52	0.470
	组内	1225.427	600	2.04		
	总数	1226.492	601			
能效投资节能行为	组间	1.819	1	1.82	1.32	0.251
	组内	824.578	599	1.38		
	总数	826.397	600			
人际促进节能行为	组间	0.001	1	0.00	0.00	0.984
	组内	1583.800	600	2.64		
	总数	1583.801	601			
住宅节能投资行为	组间	5.735	1	5.74	4.21	0.041
	组内	817.77	600	1.36		
	总数	823.505	601			
日常间接节能行为	组间	0.285	1	0.29	0.20	0.653
	组内	847.06	600	1.41		
	总数	847.345	601			

表 3-26 不同外出务工经历农村居民住宅节能投资行为均值比较

	是否外出打工过	否	是
住宅节能投资行为	均值	5.14	5.33
	标准差	1.21	1.13

第四章　农村居民节能意识产生的驱动因素研究

第一节　引言

随着居民生活水平的提高，居民生活能源消费需求不断增长。我国生活能源消费量在全国能源消费总量中所占比重从 2010 年的 9.58%上升到 2017 年的 12.85%，2017 年我国农村居民人均生活用能量超过城镇人均生活用能量。可见，我国居民生活能源需求增长的主要来源是农村居民，引导农村居民在生活中积极节能对于推进我国节能减排工作至关重要。意识是产生行为的前提，节能意识是农村居民实施节能行为的内在驱动力，直接决定农村居民节能行为是否发生以及发生的强度。因此，研究农村居民节能意识产生的驱动因素可以为有效引导农村居民节能提供有益参考。

现有环境意识的研究主要集中在以下两个方面：一是环境意识的内涵与构成。关于居民环境意识的内涵，现有研究尚未形成统一概念。Zimmer et al.（1994）认为环境意识指的是消费者对许多不同的环境问题的感受。Dunlap and Jones（2002）认为环境意识是指人们对生态环境问题的意识程度，以及对于解决这类问题的支持程度或者做出贡献的意愿。Schultz et al.（2004）认为环境意识是指为个体所长期持有的、对环境相关问题的看法、评价、情感及行为倾向。Chang（2012）认为环境意识是指能够体现个体对于环境问题的认知、价值判断和行为意愿和从事亲环境行为的心理倾向。关于环境意识的构成，已有研究认为环境意识由环境态度（Hines et al.，1987；Jagodic et al.，2016；Laroche et al.，2001）、环境情感（Lacasse，2016；Martin and Simintiras，1995；Stern et al.，

1999）、环境价值观（Larson et al.，2015；Nordlund and Garvill，2002；Straughan and Roberts，1999）等因素组成，但对具体因素的构成却有不一致的观点，如 Bohlen et al.（1993）认为要将环境知识区分为一般知识和特定知识，这两类知识分属不同的知识范畴，而 Maloney 等（1975）在研究中未区分环境知识。这种不一致的观点在环境态度及环境价值观的研究中同样存在。二是居民环境意识的影响因素，学者研究发现主要有：①心理因素（生态知识、感知效力、责任意识、价值观等）。王建明等（2011）发现资源环境感知、资源环境知识对消费者资源环境情感有直接影响。栗晓红（2011）研究表明主观社会地位对农村居民环境关心有积极影响；政治价值观对农村居民环境关心有显著影响，即社会主义价值观的人有最强的环境关心，儒家价值观的人则有最弱的环境关心，权威主义价值观和现代主义价值观介于两者之间。②情景因素（环保宣传、经济发展水平、社会阶层等）。何露等（2012）指出宣传渠道会影响居民对太阳能设备的认知水平。滕玉华等（2017）研究表明经济激励政策对农户生态价值观有正向影响。丁丽萍等（2015）研究得出，政府政策对公众的节能意识有显著影响。Alibeli and Johnson（2009）发现社会阶层对环境意识有显著的影响，中产阶级比工人阶级更加关注环境。宋妮妮（2018）认为社会资本对居民环境意识有显著影响。③社会人口统计学因素（年龄、性别、收入、居住地等）（Bozoglu et al.，2016；李卫兵、陈妹，2017；欧阳斌等，2015）。

已有居民环境意识的研究为本书探讨农村居民节能意识的驱动因素奠定了良好的基础，但仍有可拓展的空间：①现有研究主要关注居民环境意识构成，而研究居民环境意识产生的文献较少，探究居民节能意识产生的文献更是少见。②现有居民环境意识的研究多集中于一般城市居民，而以农村居民作为研究对象则较为少见。Wang et al.（2016）认为与城市居民相比，农村居民更容易受到传统文化及社会规范的影响。因此，需要对农村居民节能意识的产生进行深入探讨。本书运用结构方程模型，考虑农村居民人口统计特征（性别、年龄和收入）差异，运用多群组结构方程，探究农村居民节能意识产生的驱动因素，为完善节能政策体系提供理论借鉴和政策参考。

第二节 研究假说

价值观分为社会层面和个体层面的价值观（陈凯等，2013）。中国传统文化价值观是整个社会层面的文化价值观，即社会文化。计划行为理论认为社会文化对行为信念产生影响，行为信念是个体行为态度的认知基础，即社会文化对个体行为态度产生影响。一些研究证实了社会文化会影响个体环境意识。如余晓婷等（2015）研究表明集体主义对旅游者环境意识有正向作用。Chan（2010）指出集体主义倾向等因素影响着消费者绿色消费态度。于伟（2009）认为群体一致性能够影响中国公众的环保意识。由此，提出 H1。

H1：中国传统文化价值观对农村居民的节能意识有显著影响。

前置—进行理论认为政策工具会影响前倾要素，前倾要素即个体的态度、信念和价值观等心理因素（Green et al.，2006）。1996 年经济合作与发展组织将环境政策工具分为三种类型：命令控制型、经济激励型和劝说鼓励型，宣传教育属于劝说式政策工具。诸多研究表明环境教育有助于提高个体的环境意识。如朱丹和高晶晶（2011）认为环保宣传对居民环境意识有显著影响。申嫦娥（2016）认为政府低碳宣传与示范对消费者低碳的认知和态度有直接的正向作用。由此，提出 H2。

H2：宣传教育对农村居民的节能意识有显著影响。

规范焦点理论认为社会规范对个体态度有重要影响。一些研究也表明社会规范会影响个体的环境意识。Smith et al.（2008）发现内群体（而非外群体）的社会规范对个体的态度具有重要的影响，并且命令性规范能够预测个体的态度。Nolan et al.（2011）认为个体在接受社会规范的信息干预之后，会受干预信息的影响产生新的规范信念。由此，提出 H3。

H3：社会规范对农村居民节能意识有显著影响。

知—信—行理论认为，个体对事物的认知和感知会影响个体的情感。部分研究表明环境感知对个体环境意识有正向影响。如 Vringer et al.（2007）研究得出不同的环境问题感知会产生不同的环境情感。王建明等（2011）发现资源环境感知对消费者资源环境情感有直接影响。郑时宜（2004）认为环境问题的感知对个体环境态度有正向影响。由此，提出 H4。

H4：能源问题感知对农村居民节能意识有显著影响。

知—信—行理论认为，个体对事物具备的认知会影响个体的情感。一些研究表明环境知识会正向影响个体的环境意识。如余晓婷等（2015）发现环境知识水平与环境意识成正比。冯潇等（2017）指出生态知识有助于个体形成生态情感。王建明等（2011）认为资源环境知识会直接影响消费者的资源环境情感。由此，提出H5。

H5：节能知识对农村居民节能意识有显著影响。

第三节　研究设计

一、数据来源与样本特征

本书所用数据均源自课题组2017年10月至2018年6月对江西省农村的实地调研。为了确保样本数据具有代表性，本书采用分层随机抽样技术选取样本农村居民，课题组成员采用面对面方式访谈农村居民，根据样本居民的回答填写调查问卷，实际访谈农村居民650人，得到有效问卷602份，问卷有效率为92.62%。从性别看，男性样本296人，占49.17%；女性样本306人，占50.83%。从婚姻状况看，已婚样本411人，占68.27%；未婚样本191人，占31.73%。从年龄看，30岁及以下样本占37.38%，31~60岁样本占50.83%，60岁以上样本占11.79%。从学历看，小学及以下样本占31.73%，初中样本占30.73%，高中样本占15.95%，大专及以上样本占21.59%。从个人年可支配收入看，10000元及以下样本占34.55%，10001~30000元样本占32.89%，30001~50000元样本占20.1%，50000元以上样本占12.46%。

二、变量测量

潜变量包括农村居民节能意识、中国传统文化价值观、宣传教育、社会规范、能源问题感知和节能知识。各潜变量均采用李克特7分量表测量变量，其中“1”代表完全不同意，“7”代表完全同意。测量变量的描述性统计如表 4-1 所示。

表 4-1　调查问卷各测度变量的描述性统计分析结果

变量	代码	测量题项	平均值	标准差
节能意识（YS）	YS1	我觉得应该尽量节能	6.374	0.847
	YS2	看到别人节约能源，我会很赞许	5.698	1.224
	YS3	看到别人节约能源，我会很欣赏	5.723	1.174
	YS4	保护环境	5.797	1.108
	YS5	与自然和谐相处	5.975	1.115
节能知识（ZS）	ZS1	电器设备待机时的耗电量，一般为其开机耗电量的 10%左右	4.561	1.392
	ZS2	盛夏，空调温度最好设定室内与室外温差为 4~5 摄氏度，也就是 27~28 摄氏度，这样节电	5.100	1.582
社会规范（GF）	GF1	为了满足家人及亲朋好友的期望，我会选择购买节能产品	5.125	1.376
	GF2	购买节能产品会提升我在亲朋好友心中的地位	3.915	1.536
	GF3	购买节能产品会被其他人尊重	3.978	1.581
能源问题感知（WGZ）	WGZ1	急需解决能源消耗造成的环境污染问题	5.771	1.151
	WGZ2	我非常担忧能源消耗所带来的环境问题	5.219	1.469
	WGZ3	能源消耗会对全球气候产生负面影响	5.899	1.174
宣传教育（XC）	XC1	媒体和村里的宣传让我学会了很多节能的知识和技能	4.819	1.616
	XC2	媒体的宣传报道，使我意识到节能对于保护环境很重要	5.377	1.438
	XC3	《公众节能行为指南》对我的节能行为影响很大	4.198	1.758
中国传统文化价值观（CT）	CT1	良好人际关系比我自己取得成绩更重要	5.407	1.325
	CT2	对我来说和他人维持融洽关系非常重要	5.859	1.075
	CT3	我周围人的快乐就是我的快乐	5.266	1.300

环境意识的结构维度总体上包含环境态度（Jagodic et al.，2016；Laroche et al.，2001）、环境情感（Lacasse，2016；Stern et al.，1999）、环境价值观

（Larson et al.，2015；Lacasse，2016）等，借鉴已有环境意识研究成果并结合研究目的，本书认为农村居民节能意识由节能态度、节能情感和生态价值观构成。农村居民节能意识参考了岳婷（2014）、王建明（2015）和 Stern et al.（1999）的研究，结合农村居民的调研自行开发了5个条目的量表。节能知识参考 Frick et al.（2004）的研究自行设计了2个条目的量表。社会规范参考了 Ajzen et al.（1991）的研究，设计了3个条目的量表。能源问题感知参考 Hunecke et al.（2001）的研究，设计了3个条目的量表。中国传统文化价值观改编自劳可夫等（2015）的研究，设计了3个条目的量表。宣传教育借鉴了芈凌云（2011）所提出的量表，设计了3个条目的量表。

第四节　模型分析与假说检验

一、信度和效度检验

（一）信度检验

采用内部一致性系数（Cronbach's α 值）和组合信度测度各潜变量的内部一致性，利用 Spss 19.0 软件进行信度分析，各潜变量的信度检验结果如表 4-2 所示。从表 4-2 可知，各潜变量的 Cronbach's α 值系数均高于 0.562，CR 值均高于 0.7，这表明量表的内部一致性较好，本书所使用的调查问卷有较高可信度。

（二）效度检验

本部分借助 Spss19.0 和 Amos 20.0 软件，采用因子载荷、平均方差抽取量（AVE）和组合信度（CR）检验收敛效度，检验结果如表 4-2 所示。从表 4-2 可见，各潜变量 KMO 值均在 0.6 以上，这意味着研究量表适合进行因子分析。各变量的标准化因子载荷值建议标准应大于 0.5，AVE 值应大于 0.5 和组合信度（CR）值应在 0.6 以上。本书各变量的标准化因子载荷值均大于 0.5，各因子（潜变量）的平均抽取方差（AVE）都大于 0.5，说明各潜变量的收敛效度较好；各因子（潜变量）的组合信度（CR）值均在0.75以上，表明测量模型有良好的构念信度，模型内在质量理想。因此，从总体上看，模型各变量都有较好的收敛效度，各潜变量有较好的信度。

表4-2　信度和效度检验结果

潜变量	代码	α值	CR	AVE	标准化因子载荷	KMO值
节能意识（YS）	YS1	0.842	0.888	0.614	0.653	0.729
	YS2				0.835	
	YS3				0.824	
	YS4				0.827	
	YS5				0.763	
节能知识（ZS）	ZS1	0.503	0.802	0.670	0.818	0.500
	ZS2				0.818	
社会规范（GF）	GF1	0.791	0.878	0.707	0.719	0.619
	GF2				0.914	
	GF3				0.876	
能源问题感知（WGZ）	WGZ1	0.779	0.875	0.700	0.843	0.704
	WGZ2				0.844	
	WGZ3				0.823	
宣传教育（XC）	XC1	0.796	0.885	0.720	0.903	0.658
	XC2				0.869	
	XC3				0.768	
中国传统文化价值观（CT）	CT1	0.778	0.874	0.697	0.853	0.700
	CT2				0.837	
	CT3				0.815	

采用AVE值来检验区别效度，若各变量AVE值的平方根均大于它与其他变量间相关系数的绝对值，则认为变量间具有良好的区别效度。区别效度分析结果如表4-3所示。表4-3中各潜变量的AVE平方根均明显高于其他变量相关系数的绝对值，表明模型变量间的区别效度较好。

表 4-3 区别效度检验结果

变量	节能意识	能源问题感知	宣传教育	节能知识	社会规范	中国传统文化价值观
节能意识	0.784					
能源问题感知	0.258 **	0.819				
宣传教育	0.300 **	0.276 **	0.841			
节能知识	0.613 **	0.325 **	0.198 **	0.837		
社会规范	0.446 **	0.329 **	0.375 **	0.415 **	0.849	
中国传统文化价值观	0.390 **	0.217 **	0.293 **	0.328 **	0.373 **	0.835

二、模型拟合与假设检验

(一) 模型适配度检验

各潜变量的信度和效度分析结果表明，本书适合做结构方程分析。从模型拟合度结果（见表 4-4）可见，模型的 RMSEA 为 0.057，卡方自由度比（CMIN/DF）为 2.987，小于 3，说明模型适配度较好。模型中 GFI 值为 0.941，NFI 值为 0.930，IFI 值、TLI 值、CFI 值均大于 0.9，均达到良好水平，表明拟合效果理想，模型无须修正，初始的理论模型即可作为最终接受的模型。

表 4-4 模型适配度检验结果

统计检验指标	模型	判断标准
CMIN/DF	2.987	<3
GFI	0.941	>0.9
NFI	0.930	>0.9
IFI	0.953	>0.9
TLI	0.933	>0.9
CFI	0.952	>0.9
RMSEA	0.057	<0.08（合理）<0.05（很好）

（二）结构方程模型估计结果

运用 Amos21.0 软件对农村居民节能意识产生驱动因素模型进行结构方程模型分析，分析结果如表 4-5 所示（模型中不显著的路径已经删掉）。

表 4-5　结构模型估计结果

假设路径	标准化系数	标准误	CR	结论
H1：中国传统文化价值观→节能意识	0.063	0.019	1.291	不成立
H2：宣传教育→节能意识	0.120*	0.019	2.132	成立
H3：社会规范→节能意识	0.163***	0.013	3.570	成立
H4：能源问题感知→节能意识	0.454***	0.034	6.243	成立
H5：节能知识→节能意识	−0.027	0.028	−0.399	不成立

注：* 代表 $p<0.05$；** 代表 $p<0.01$；*** 代表 $p<0.001$。

宣传教育对农村居民节能意识有显著正向影响，路径系数为 0.120，通过了 5%水平上的显著性检验，说明宣传教育有助于提升农村居民的节能意识，H1 成立，这与余晓婷等（2015）的研究结论一致。宣传教育一方面可以让农村居民认识到节能在保护环境中的重要作用，使农村居民意识到为了保护环境，在日常生活中节能的必要性和重要性，从而增强农村居民节能意识；另一方面能够向农村居民传授节能知识，引导农村居民在日常生活中具体实施节能行为。

社会规范对农村居民节能意识有显著正向影响。在 0.1%的显著水平下显著，社会规范对农村居民节能意识影响的路径系数为 0.163，说明社会规范有助于农村居民产生节能意识，H3 成立，这与 Smith et al.（2008）的结论一致。原因在于：一方面在农村居民感知到来自群体、他人对自己节能行为期望的压力时，为了与群体和他人保持一致，从而产生节能意识；另一方面社会规范对农村居民的影响伴随其成长过程，潜移默化影响农村居民的价值观念，这些价值观念转化为农村居民规范行为的信念，由此产生节能意识。

能源问题感知对农村居民节能意识有显著正向影响。能源问题感知对农村居民节能意识影响的路径系数为 0.454，表明农村居民感到能源消耗对生态环境产生的不利影响越大时，农村居民的节能意识就越强，H4 成立，该研究结论与王建明（2011）的结论一致。可能的解释是当农村居民认识到化石等能源消耗是导致环境污染问题的一个重要因素时，并且担忧因能源消耗所引发的环境问题严重时，就会产生减少能源消耗进而保护环境的意识。

第五节 多群组结构方程模型分析

由于多群组结构方程模型对分析不同变量间的效应差异，本书以验证后的模型路径为基础，按农村居民人口统计特征（性别、年龄和收入）进行多群组分析，以探讨不同人口统计特征下农村居民节能意识产生的驱动因素差异。从各子模型拟合指数看，CMIN/DF（卡方自由度比）值介于 1.851~2.302，在 1~3。CFI 值、IFI 值和 TLI 值介于 0.913~0.953，均高于 0.9 的标准值；RMSEA 值介于 0.038~0.047，均小于理想值 0.05。因此，多群组分析模型适配度良好。本部分选取农村居民的性别、年龄和收入为多群组变量，根据性别分成两组：男性人群（296 份）和女性人群（306 份）；以家庭年可支配收入为 50000 元及以下为界分成高收入人群（125 份）和低收入人群（477 份），以 33 岁及以下为年龄分界划分为成年人群（200 份）和年长人群（402 份），估计结果如表 4-6 所示。

表 4-6 多群组结构方程模型估计结果

假设路径	性别		年龄		收入	
	男	女	年轻	年长	低	高
H1：中国传统文化价值观→节能意识	0.029	0.102	0.039	0.070	0.142*	−0.041
H2：宣传教育→节能意识	0.071	0.167	0.019	0.147*	0.120	0.078
H3：社会规范→节能意识	0.172**	0.139*	0.280**	0.124**	0.105*	0.328**
H4：能源问题感知→节能意识	0.569***	0.362***	0.391**	0.461**	0.430***	0.568**
H5：节能知识→节能意识	−0.051	−0.024	−0.030	−0.007	−0.049	−0.051

注：* 代表 $p<0.05$；** 代表 $p<0.01$；*** 代表 $p<0.001$。

从表 4-6 可以看出，在中国传统文化价值观对节能意识正向影响的路径 H1 中，低收入群体影响显著（β= 0.142，p<0.05），高收入群体影响不显著。原因可能是相对于高收入人群，低收入群体有比较强的中国传统文化价值观

在宣传教育对节能意识正向影响的路径 H2 中，33 岁以上群体影响显著（β=0.147，p<0.05），33 岁以下群体影响不显著。可能是由于 33 岁以上人群受年龄影响接触的知识面和认知面较小，宣传教育弥补了部分认知缺失，更容易受宣传教育的影响形成节能意识，而 33 岁以下年龄的人群受教育程度较高，已经形成自有的观念和看法对于宣传教育接受的程度较低，因此更难通过宣传手段促进节能意识的产生。

在社会规范对节能意识正向影响的路径 H3 中，男性（β=0.172，p<0.01）比女性（β=0.139，p<0.05）影响更显著，原因可能是，与女性相比，男性更关心环境保护，更容易受到群体内其他成员的影响。33 岁以下群体（β=0.280，p<0.01）比 33 岁以上群体（β=0.124，p<0.01）影响更显著，原因可能是，相对于 33 岁以下人群，33 岁以上人群体会更加成熟和理性，受群体内其他成员影响较小。高收入群体（β=0.328，p<0.01）比低收入群体（β=0.105，p<0.05）影响更显著。主要原因在于高收入群体一般支付能力比低收入人群高，高收入带来的优越感会使得高收入群体倾向与实施容易受他人尊重的群体行为，以获取群体认同感，因此会在社会规范的影响下形成更高的节能意识。

在能源问题感知对节能意识正向影响的路径 H4 中，男性（β=0.569，p<0.001）比女性（β=0.362，p<0.001）影响更显著，原因在于，受中国传统文化的影响，男性与女性相比更加关注能源消耗对环境造成的不利影响，社会责任感更强。33 岁以上群体（β=0.461，p<0.01）比 33 岁以下群体（β=0.430，p<0.001）影响更显著，原因可能是 33 岁以上群体更关注社会问题，对于国家和环境的关注程度较高，因此在感知能源污染问题越强的情况下节能意识就会越高。高收入群体（β=0.568，p<0.01）比低收入群体（β=0.430，p<0.001）影响更显著。原因在于低收入群体有经济上的压力，没有精力关心生态环境。

在节能知识对节能意识正向影响的路径 H5 中，性别、年龄和收入的影响均不显著。

第六节 研究结论与政策启示

本书运用江西省农村居民的调查数据，采用多群组结构方程模型，以农村居民性别、年龄和家庭年可支配收入为调节变量，分析了农村居民节能意识产生的驱动因素，研究发现：①宣传教育、社会规范、能源问题感知对农村居民节能意识均有显著正向影响。②对农村居民节能意识影响最大的是能源问题感知，社会规范次之，最后是宣传教育。③多群组分析结果表明，农村居民不同性别、年龄和家庭年可支配收入下影响节能意识产生的因素存在较大差异。在性别方面，男性样本节能意识受社会规范、能源问题感知的正向影响较强。在年龄方面，33 岁以下群体的社会规范对节能意识的正向影响更大，而 33 岁以上群体节能意识受能源问题感知、宣传教育的正向影响作用更大，33 岁以下群体对于宣传教育的作用不敏感。在家庭年可支配收入方面，高收入群体的社会规范、能源问题感知对节能意识的正向影响更大，在低收入群体中，中国传统文化价值观对节能意识有显著正向影响。

基于以上研究结论，提出以下建议：①创新宣传教育的内容和形式，加大节能政策、节能与环保方面知识的宣传教育力度，特别是针对年长者设计宣传教育的内容，采用他们能够接受和理解的宣传方式（如动画、讲解、现场演示等），提高宣传效果。②在收入较低的农村地区，要组织群众学习中国传统文化观，增强他们的中国传统文化观念。③政府要营造“节约能源光荣、浪费能源可耻”的社会风气，引导基层党员、干部率先节能，发挥他们的示范作用，引导更多的农村居民在日常生活中积极节能。

第五章　农村居民节能管理行为研究

第一节　引言

随着经济发展和居民收入水平的提高，居民生活用能持续增长。国家能源局的统计数据显示，2018 年上半年，第三产业、居民生活用电保持两位数增长，合计用电增长 4.0 个百分点。居民生活用能已成为除工业部门外的第二大消耗部门。引导居民在生活用能时进行节能管理能够有效节约居民生活用能量。行为决策被认为是两阶段的，第一阶段是行为意向的产生，第二阶段是实际行为的发生。因此，意向也被认为是个体行为的重要预测因子（Ajzen，1991），已有研究证实形成行为意向对于确保长期目标至关重要（Baumeister et al.，2014；Kuhl et al.，2011）。节能行为是一种环境行为，已有研究中发现大—中规模的意向改变只能引导小—中规模的行为改变（Webb et al.，2006；Rhodes et al.，2012；Armitage et al.，2001；Bamberg，2002；Rhodes et al.，2013；Sheeran et al.，1998）。已有研究主要基于节能意愿作为节能行为的预测因子，但行为的两阶段性使得意愿不能完全预测行为。那么行为决策究竟如何发生？意愿形成与行为发生过程中的影响因素是否存在差异？探究这些问题对于准确分析农村居民节能管理行为，在农村地区有效推广日常节能管理，实现绿色发展、保护生态环境具有重要意义。

现有居民节能行为的研究主要集中在三个方面，一是对居民节能行为概念和类型进行界定（Stern，1992；Black et al.，1985；Barr et al.，2005）。如 Scott（2000）将居民节能行为分为投资行为、管理行为和削减行为。借鉴 Scott（2000）对节能行为的分类与界定的思想，本书将农村居民节能管理行为定义为在不牺牲生活用能品质的前提下，通过改变日常用能的习惯，从而达到减少能源消费的行为。例如，离开房间时随手关灯、电器长时间不用时拔下电源减少待机能耗等。二是研究居民节能行为的影响因素，主要关注城市居民、企业员工的节能行为。许多研究发现，影响居民节能行为的因素有三大类：心理因素（节能态度、感知行为控制、主观规范、居民对不同来源信息的信任度等）、情景变量（住宅特征、政府激励措施、节能产品的价格等）和人口统计特征（收入、性别以及受教育程度等）（Christine et al.，2019；Karlijn et al.，2019；Hong et al.，2019；Zhao et al.，2019；Umit et al.，2019；Testa et al.，2016；Yue et al.，2013；Yang and Zhao，2016）。三是在划分城市居民节能行为类型的基础上，研究不同类型节能行为的影响，发现不同类型节能行为的影响因素存在差别（杨树，2015；岳婷，2014）。

已有居民在节能管理行为、节能行为影响因素的相关研究成果上为本书提供了良好的研究基础，但现有研究还有拓展的空间：一是已有居民节能管理行为的研究主要关注城市居民，但农村居民节能管理行为的研究还比较匮乏。受城乡二元经济社会结构的影响，中国城乡居民环境行为存在显著差异（Ding et al.，2017；Wang et al.，2016）。因此，有必要对农村居民节能管理行为进行研究。二是居民节能管理意愿行为的影响因素及其作用机理还需深化。已有文献主要关注部分心理因素的考量，且较少涉及深层次影响因素的探究，亟须深入研究。为此，本书基于江西省602个农村居民的调查数据，运用双栏模型研究农村居民节能管理意愿及行为的影响因素，为政府完善节能政策，促进农村居民进行节能管理提供决策参考。

第二节　研究假说

情感和情绪均指的是同一过程，同一现象，在心理学中一般使用情绪这一概念（彭聃龄，1988）。心理学中的情绪渗透模型（AIM）认为情绪有选择地影响个体的认知过程，并最终使得个体的认知结果与情绪趋向一致（Meneses，2010）。已有研究发现如果意图更多地基于对行为表现的感觉（情感态度），而不是对行为的可能后果的考虑（认知态度），能够改善意向对行为的预测效果（Conner et al.，2016；Keer et al.，2014）。情感又可以进一步被分为积极情感和消极情感（王建明等，2015）。基于此，我们提出H1。

H1：积极节能情感会影响农村居民节能管理行为。

人际行为理论认为习惯也能有效预测实际行为（Triandis，1977）。但习惯对行为影响的研究结论不一致。一些研究认为，习惯有助于稳定意向，使得行为更有可能被实施（Doll et al.，1992；Kashima et al.，1993；Sheeran et al.，2003）。也有研究表明，过去的经历可能会使意向与行为悖离，因为在与习惯相关的场景中会绕过意向的控制直接引发习惯—行为（Orbell et al.，1998；Verplanken et al.，1999；Wood et al.，2007）。因此，提出H2。

H2：习惯会影响农村居民节能管理行为。

面子是人们在社会交往过程中的基本愿望和需求（Goffman，1959）。已有学者对面子文化进行了研究，施卓敏（2017）认为面子是一种符合外在社会要求的面子，是个人能力以及道德被社会所认可的面子需要。已有环境行为的研究引入了面子文化变量，芈凌云（2018）研究发现社会规范、角色地位、面子文化、从众心理是诱发知识型消费者新能源汽车购买意向的群体心理诱因。在农村地区，人与人之间的往来密切，农村居民也会更在意邻里、亲戚的看法。因此，提出H3。

H3：面子会影响农村居民节能管理行为。

个体行为态度是指个人对自身行为可能出现结果的看法和观点；行为控制感知是指个体对自己实施某一行为可能遇到的困难和障碍是否可以控制的信念（Westaby，2005）。计划行为理论认为个体行为态度、行为控制认知决定该个体的特定行为意向，进而影响个体行为（Ajzen，2001）。杨君茹等（2019）研究发现，居民的节能行为态度、知觉行为控制通过节能意愿间接驱动节能行为。因此，提出H4a、H4b。

H4a：节能态度会影响农村居民节能管理行为。

H4b：感知的行为控制会影响农村居民节能管理行为。

舒适偏好是指农村居民在生活中对于生活舒适度的重视程度。已有研究发现居民对舒适度的追求是能源消费需求增加的一个重要原因（芈凌云，2011）。Seligman et al.（1979）研究发现一个人对生活舒适的态度与家庭能源消费（主要是空调使用）是最显著相关的。Nilssen（2003）也认为居民对生活舒适度需求的不断提升是家庭能源使用增加的最主要原因。因此，提出H5。

H5：舒适偏好会影响农村居民节能管理行为。

ABC理论认为行为不仅受到个体对实施特定行为所持态度的影响，同时还受到外部情境环境的影响。政策环境是影响农村居民节能的重要情境因素，对于政策的认知能够推进政策的实施。已有研究发现政策因素是影响居民实施环境行为的重要因素（芈凌云，2011；岳婷，2014；陈飞宇，2019）。宣传教育是指为促进居民实施节能行为而进行的一系列与节能有关的宣传活动，Sardianou（2007）认为宣传教育能够显著促进居民节能。能源价格水平是影响居民节能的情境因素之一，当能源价格低时居民可能会不控制使用能源，而当能源价格高时，居民会由于过高的用能成本而减少用能。由此提出H6。

H6：能源价格感知、宣传教育、节能引导政策认知、能源价格政策效度等情境因素显著影响农村居民节能管理行为。

负责任的环境行为理论认为环境态度、控制观会影响个体环境行为意愿。农村居民节能管理行为是一种环境行为，农村居民的节能态度、感知的行为控制会影响其节能管理意愿。岳婷（2014）认为舒适偏好、行为控制感知会影响城市居民节能行为。一些研究发现，习惯、面子文化、政策认知以及政策环境对居民环境行为意愿有显著影响。如滕玉华等（2020）研究发现节能习惯对农村居民能源削减节能意愿有直接影响。滕玉华等（2020）研究发现面子文化对农村居民住宅节能投资行为有显著影响。杨树（2015）研究表明新能源汽车的消费激励政策感知、补贴政策和信息政策会影响消费者购买行为意向。由此，本文认为节能态度、感知的行为控制、节能习惯、面子、舒适偏好、政策环境及政策认知等对农村居民节能管理意愿有显著影响。

第三节 数据来源、变量设置与模型构建

一、数据来源

本书数据来源于课题组2017年10月至2018年6月对江西省农村居民的实地调研，共获得650份问卷，剔除信息不完整问卷后，得到有效问卷602份，问卷有效率为92.62%。从样本性别看，男性占样本总数的49.17%；从样本学历看，小学及以下、初中、高中、大专及以上样本分别占总样本的31.73%、30.73%、15.95%、21.59%；从样本年龄看，30岁及以下、31~60岁、60岁以上样本分别占37.38%、50.83%、11.79%；从样本年可支配收入看，10000元

及以下、10001~30000元样本分别占总样本的34.55%、32.89%，30001~50000元、50000元以上样本分别占总样本的20.1%、12.46%。可见，受访农村居民在性别、年龄、学历、年可支配收入上分布比较均衡，具有一定代表性，符合本研究的需要。

二、变量设置

本书变量有潜变量、显变量两种类型，其中，采用因子分析方法得到潜变量，通过直接取值得到显变量。

潜变量有节能管理行为、消极情感、积极情感、节能态度、感知的行为控制、习惯、舒适偏好、节能责任感、面子文化。各潜变量均采用李克特7级量表测量，其中"1"代表完全不同意，"7"代表完全同意。节能管理行为（XGTZ）改编自 Sutterlin et al.（2011）的研究，包含5个题项，根据因子分析结果保留了3个题项，删除2个题项，题项如"我离开房间时会随手关灯"。习惯（XG）改编自 Geng et al.（2017）的研究，由4个题项构成，如"我有节能的习惯"。感知的行为控制（KZ）改编自 Geng et al.（2017）的研究，包含5个题项，如"实施节能行为遇到困难时，我总是能够解决"。积极情感（JJ）改编自王建明等（2015）的研究，包含6个题项，如"看到别人节约能源我会很赞赏"。节能态度（AT）改编自 Yang et al.（2015）的研究，包括6个测量题项，如"我觉得应该尽量节能"。舒适偏好（SS）借鉴了芈凌云（2011）的研究，共设置4个题项，如"与节能相比，我觉得生活的舒适性更重要"。面子文化（MZ）自行开发，共设置了3个测量题项，如"相对而言，我在日常生活中比较注重面子"。

根据已有文献，本书的显变量有性别、年龄、年可支配收入、宣传教育、能源价格感知、节能引导政策认知和能源价格政策效度。具体说明如下：性别（男=1，女=0）；年龄（20岁以下=1；20~30岁 =2；31~40岁=3；41~50岁=4；50岁以上=5）、年可支配收入，采用2017年农村居民的可支配收入水平（10000元以下=1；10000~30000元=2；30001~50000元=3；50001~100000元=4；100000元以上=5）。宣传教育：媒体的宣传报道，使我意识到节能对于保护环境很重要（7分量表，1~7由完全不同意到完全同意）。能源价格感知：居民用电价格水平高（7分量表，1~7由完全不同意到完全同意）。节能引导政策认知：我了解关于引导居民节能的政策（如《公众节能行为指南》）（7 分量表，1~7 由完全不同意到完全同意）。能源价格政策效度：我在家电使用过程中会考虑“阶梯电价”（7 分量表，1~7 由完全不同意到完全同意）。

三、模型构建

由于农村居民节能管理的决策过程包括节能管理意愿与节能管理行为两个阶段，而调研样本中存在相当数量没有节能管理行为的个体，所以行为决策的两阶段性常常会导致行为在零处截尾，使得普通最小二乘法（OLS）及 Tobit 方法估计的无偏性和有效性假设不再成立（Amemiya，1984）；而双栏模型放宽了对零观察值的解释，依据其成因差异，将其分为真实零值和抗议性零值，从而避免了低估估算结果的概率。因此，本书采用双栏模型（Double Hurdle Model，DHM）进行研究。双栏模型可将农村居民节能管理的决策过程分为两个阶段，第一阶段为农村居民是否有节能管理意愿；第二阶段为农村居民节能管理行为。第一步构建农村居民节能管理意愿模型的方程如下：

$$\Pr ob[y_i = 0 \mid X_{1i}] = 1 - \varphi(\alpha X_{1i}) \tag{5-1}$$

$$\Pr ob[y_i > 0 \mid X_{1i}] = \varphi(\alpha X_{1i}) \tag{5-2}$$

式（5-1）表示农村居民没有节能管理意愿，式（5-2）表示农村居民有节能管理意愿；$\varphi(\alpha X_{1i})$ 是标准正态分布累积函数；y_i是因变量；X_{1i}代表积极情感、节能态度、感知的行为控制等一组自变量；α为待估计系数；i 表示第 i 个观测样本。

第二步构建农村居民节能管理行为，方程如下：

$$E[y_i \mid y_i > 0,\ X_{2i}] = \beta X_{2i} + \delta\lambda(\beta X_{2i}/\delta) \tag{5-3}$$

式（5-3）中，$E(\cdot)$ 表示条件期望，表示农村居民节能管理行为；$\lambda(\cdot)$表示逆米尔斯比率；X_{2i}表示积极情感、节能态度、感知的行为控制等一组自变量；α表示相应的待估计系数；δ 表示截取正态分布的标准差；其他符号含义与前文一致。

基于式（5-1）至式(5-3）构建如下似然函数：

$$\begin{aligned} \text{In}L = & \sum_{y_i=0}\{\text{In}[1 - \varphi(\alpha X_{1i})]\} + \sum_{y_i>0}\{\text{In}\varphi(\alpha X_{1i}) - \text{In}\varphi(\beta X_{2i}/\delta) - \text{In}(\delta) \\ & + \text{In}\{\varphi[(y_i - \beta X_{2i})/\delta]\}\} \end{aligned} \tag{5-4}$$

采用极大似然法估计式（5-4），可得到所需的相关参数。

第四节 实证结果与分析

由于农村居民节能管理的决策过程是一个两阶段的决策过程，如果在实证分析影响农村居民节能管理行为的因素时将没有节能管理意愿的样本去除会造成结果的偏差。因此，本书运用 Stata14.0 软件，采用 Double-Hurdle 模型进行分析，估计结果如表 5-1 所示。

表 5-1 农村居民节能管理行为的双栏模型结果

	变量	意愿方程		行为方程	
		系数	P 值	系数	P 值
心理因素	习惯	0.162	0.253	0.218	0.000
	感知的行为控制	0.280	0.058	0.055	0.115
	积极情感	0.030	0.836	-0.007	0.855
	节能态度	0.264	0.035	0.173	0.000
	舒适偏好	-0.554	0.001	-0.065	0.051
	面子	-0.114	0.400	-0.093	0.005
情景因素	宣传教育	-0.025	0.799	0.009	0.712
	能源价格感知	0.186	0.056	0.003	0.906
	节能引导政策认知	-0.036	0.644	0.005	0.780
	能源价格政策效度	-0.015	0.854	0.040	0.052
人口统计特征	性别	-0.034	0.889	-0.098	0.126
	年龄	0.026	0.789	0.103	0.000
	年可支配收入水平	-0.170	0.118	-0.025	0.386

在 1%的显著水平上，习惯对农村居民节能管理意愿的影响不显著，而对农村居民节能管理行为有正向影响，H2 部分成立。说明习惯能够有效促进农村居民实施节能管理行为，具有节能习惯的农村居民实施节能行为的概率就会越大，持续时间就会越长。原因可能是习惯能够诱发习惯—行为的发生，已有节能习惯的农村居民会在习惯的引导作用下持续实施节能管理行为。

感知的行为控制在10%的显著水平上正向影响农村居民节能管理意愿，而对农村居民节能管理行为的正向影响不显著，H4b部分成立。这说明农村居民感知的行为控制越强烈，节能管理意愿越强。这可能是由于农村居民自我感知的行为能力越强，对于自我行为的实施信心越强，对于自己即将实施的节能管理行为的意愿也会随之增强。

节能态度在5%的显著水平上对农村居民节能管理意愿有正向影响，在1%的显著水平上对农村居民节能管理行为有正向影响，H4a成立。说明农村居民对于节能的态度越积极，节能管理意愿越强烈，实施节能管理行为的概率和持续时间越长。可能的原因是农村居民对节能的态度越积极，内心对于节能管理行为具有越高的认同感，越愿意进行节能管理，从而实施节能管理行为的概率越高。

舒适偏好在1%的显著水平上负向影响农村居民节能管理意愿，H5部分成立。这表明农村居民越重视生活舒适度则具有越低的节能管理意愿。这可能是由于节能管理行为会在一定程度上降低生活舒适程度，越在意生活舒适度的农村居民越不愿意实施节能管理行为。这与Vera Breniriir et al.（2009）的研究结论一致。舒适偏好在5%的显著水平上对农村居民节能管理行为有负向影响，这说明越重视生活舒适程度的农村居民实施节能管理行为的概率越低，可能是由于节能管理行为的实施伴随着生活舒适程度的部分下降，因此重视舒适程度的农村居民节能管理意愿与节能管理行为实施概率都会显著降低。

面子在1%的显著水平上对农村居民节能管理意愿的影响不显著，对农村居民节能管理行为有负向影响，H3部分成立。说明越在乎面子的农村居民实施节能管理行为的概率越低，这可能是由于在乎面子的农村居民在意他人的看法，会维护自己生活良好的外在形象，不愿意在他人心目中形成小气、节省、生活水平低的印象，出于对面子的维护从而不实施节能管理行为。

能源价格感知在10%的显著水平上对农村居民节能管理意愿有正向影响，对农村居民节能管理行为的影响不显著，H6部分成立。说明农村居民认为能源价格越高，节能管理意愿越强烈。可能的解释是当农村居民认为能源价格越高时，用能所需支付的费用越大，为了减少用能支出，越愿意进行节能管理以减少用能。

能源价格政策效度在10%的显著水平上对农村居民节能管理意愿的影响不显著，而对农村居民节能管理行为有正向影响，H6部分成立。说明在用能使用过程中会考虑“阶梯电价”的农村居民，实施节能管理行为的概率越大。可能是由于“阶梯电价”等能源价格政策，会提高农村居民的用能成本，一些本不愿意节能的农村居民为了减少用能开支，在日常生活中不得不通过改变日常用能的习惯来减少用能。

年龄在1%的显著水平上对农村居民节能管理意愿的影响不显著，而对农村居民节能管理行为有正向影响。说明年龄越大的农村居民节能管理意愿越强烈。可能的解释是，相对于年轻人，老年人更节俭，在通过改变日常用能习惯可以节约用能的情况下，他们为了省钱被迫改变日常用能习惯节能的可能性会更大。

第五节　研究结论与政策启示

引导农村居民在生活用能时进行节能管理对于促进农村生态文明建设至关重要。本书采用江西省602个农村居民的调查数据，运用双栏模型研究了农村居民节能管理意愿及行为的影响因素，研究发现：感知的行为控制、节能态度、能源价格感知对农村居民节能管理意愿有显著的正向影响，而舒适偏好对农村居民节能管理意愿有显著的负向影响；节能习惯、节能态度、能源价格感知、能源价格政策效度、年龄对农村居民节能管理行为有显著的正向影响，但舒适偏好、面子对农村居民节能管理行为有显著的负向影响。

基于以上研究结论，提出以下政策建议：①在农村地区的幼儿园、小学教育中，要通过讲解能源消耗对生态环境的不利影响、保护环境的重要性，让他们从小养成节能的良好习惯。②从保护环境和减少用能开支的角度，通过会议、广播、墙报等形式向农村居民介绍一些改变日常用能习惯节能的知识，掌握一些基本的节能知识，有助于引导他们在日常生活中开展节能活动。③加大能源价格政策的宣传力度，采用微信、墙报、会议等对农村居民进行能源政策宣传教育，通过举办有奖问答等活动引导农村居民主动了解和学习国家能源价格政策，提高农村居民的能源价格政策认知度。④鼓励和引导农村居民应用新能源替代传统能源，采用公益广告的形式宣传节能对于保护生态环境的重要性，在农村营造节约能源光荣的良好氛围，让更多农村居民通过改变日常用能习惯来节约用能。

第六章 农村居民能源削减行为研究

第一节 引言

农村居民是农村生活用能的主体，其用能行为直接影响农村生态环境。党的十九大报告提出“建设生态文明是中华民族永续发展的千年大计”“像对待生命一样对待生态环境”。在政府高度重视生态环境保护的背景下，研究农村居民能源削减行为的影响因素及作用机理，有利于更好地引导农村居民在生活中节约能源，这对于建设美丽乡村、推进乡村振兴战略至关重要。

关于居民节能行为的研究主要集中在两个方面，一是对居民节能行为的概念和类型进行了界定（Barr et al.，2005）。Scott（2000）将居民节能行为分为投资行为、管理行为和削减行为。本书的农村居民能源削减行为是指在需要牺牲一定生活品质的情况下，农村居民通过改变日常用能方式，从而减少用能量的行为。例如，少使用取暖器、少使用家电等。二是研究居民节能的影响因素，主要聚焦城市居民节能行为。已有研究发现，影响城市居民节能行为的因素主要有心理因素（如行为控制感知、价值观、主观规范等）、情景因素（如低碳政策、经济型政策、宣传教育等）和人口统计特征（如年龄、收入、受教育程度等）（Karlijin et al.，2019；Hong et al.，2019；Zhao et al.，2019）。还有部分文献在划分城市居民节能行为类型的基础上，研究不同类型节能行为的影响，发现不同类型节能行为的影响因素存在差别（岳婷，2014）。

已有研究为本书提供了良好的基础，但仍有可拓展的空间：一是已有研究多以城市居民、企业员工为研究对象，较少关注农村居民。受城乡二元经济结构的影响，中国城乡居民在能源消费上存在显著差异（Krey et al.，2012），因此，有必要对农村居民的节能行为进行研究。二是已有研究主要关注居民节能行为显著性影响因素的判定以及影响程度的分析，研究各因素之间关联关系与层次结构的文献鲜见。为此，本书采用江西省602份农村居民问卷调查数据，运用回归分析方法和解释结构模型（ISM）探讨农村居民能源削减行为的影响因素及其层级结构，为政府完善节能政策提供决策参考。

第二节　研究假说

负责任的环境行为理论认为行为知识、责任感是个体环境行为的前因变量。人际行为理论认为，个体意愿和习惯会影响个体行为，如果个体在特定行为上的习惯越强，其在实施行为前的思考就会越少，实施特定行为的可能性越大。动机—机会—能力理论认为习惯直接影响个体行为。Li et al.（2019）研究发现，心理因素在亲环境行为机制中起着重要作用。已有研究实证知识、责任感、行为动机、行为意愿和舒适偏好会影响个体的环境行为。如 Casaló et al.（2019）研究得出主观知识与所有亲环境行为有关，客观知识只与效率行为有关（使用节能灯泡）。Stern（2000）研究证实责任感是影响个体亲环境行为的前因变量。Bai and Liu（2013）研究发现，行为动机有助于促进居民实施公共节能行为和私人节能行为。由于削减能源消费可以节省用能开支，具有经济动机的农村居民更可能会为了省钱而减少用能。Ajzen（1991）认为行为意愿是个体行为的最主要决定因素。已有研究发现，居民的舒适偏好是导致家庭用能增加的最主要原因（Huebner et al.，2013；Nilssen，2003）。因此，对于具有舒适偏好的农村居民来说，如果削减能源消费会影响农村居民的生活舒适度，其就不会实施节能行为。农村居民能源削减行为是一种亲环境行为，基于以上分析，本书认为节能知识、节能责任感、能源削减意愿、节能习惯、节能动机都会影响农村居民能源削减行为。

负责任的环境行为理论和人际行为理论都认为，行为实施环境等外部因素会影响个体行为。现有实证研究表明，外部情景因素也会对个体环境行为产生影响（Li et al.，2019）。如：Mintz et al.（2019）发现文化因素和结构环境（如回收系统）可以预测人们参与回收和废弃物最小化的程度；家庭废弃物管理相关法规的颁布时间对其实施程度有一定影响。Amstalden et al.（2007）认为提高能源价格对居民节能有积极影响。农村居民能源削减行为是一种环境行为，政府出台的节能政策（如“阶梯电价”）会影响农村居民的用能支出，为了减少能源消费支出，农村居民可能削减用能。有研究表明，信息反馈对节能行为的积极影响（Chen et al.，2012），连续的信息反馈可使人们意识到他们的日常行为是否节能，用能信息反馈可以促进节能（Mari，2008）。因此，如果农村居民可以容易地获得用能信息，知晓用能情况，当用能达到自我设定的能源消费目标时，其可能会节省用能。因此，本书认为节能政策、用能信息获得的难易程度会影响农村居民的能源削减行为。

负责任的环境行为理论认为个体人口统计因素是促使个体实施环境行为的重要外因。已有研究表明，性别、年龄、收入和文化程度等都是影响居民环境行为的因素（Samuelson and Biek，1991；Ek and Söderholm，2010；DeWaters and Powers，2011；Carrico and Riemer，2011）。一些农村居民环境行为的研究也证实，农村居民个体特征和家庭特征会影响其环境行为。如高昕（2019）研究得出年龄、受教育程度对农村居民绿色生产行为有正向影响。张娇等（2019）发现农村居民的家庭总收入会正向影响其秸秆亲环境处理行为。农村居民能源削减行为也是一种环境行为，因此，本书认为农村居民的性别、年龄、文化程度和收入可能会影响其能源削减行为。

第三节 研究设计

一、数据来源与样本特征

我国农村居民生活消费的能源主要包括煤、燃气（液化石油气、煤气和天然气）、电、薪柴和秸秆等。课题组调研发现，农村居民在生活中主要以使用液化气、煤、电等商品性能源为主，薪柴、秸秆在能源消费中所占比率较小。通过深度访谈农村居民，了解到绝大部分农村居民的环保意识较低，他们节能最主要的目的是省钱，农村居民通常是免费就近获取薪柴和秸秆，而消费煤炭、液化气、电等商品性能源需要花钱，他们在生活中一般只会节约使用需要付费的商品性能源。因此，本书研究农村居民所节约的用能指的是煤、液化气、电等商品性能源，不包括柴薪和秸秆。

本书采用的数据来源于课题组 2017 年 10 月至 2018 年 6 月对江西省农村居民的问卷调查。调查采用分层随机抽样技术选取样本农村居民，共调查 650 个农村居民，得到有效问卷 602 份，有效率为 92.62%。从性别看，男性样本 296 人，占 49.17%；女性样本 306 人，占 50.83%。从年龄看，30 岁及以下样本占 37.38%，31~60 岁样本占 50.83%，60 岁以上样本占 11.79%。从学历看，小学及以下样本占 31.73%，初中样本占 30.73%，高中样本占 15.95%，大专及以上样本占 21.59%。从个人年可支配收入看，10000 元以下样本占 34.55%，10000~30000 元样本占 32.89%，30001~50000 元样本占 20.1%，50000 元以上样本占 12.46%。

二、研究方法

（一）农村居民能源削减行为的影响因素模型构建

为了研究农村居民能源削减行为的影响因素，构建研究模型（6-1）：

$$Y_i = \alpha_1 + \beta_1 X_1 + \beta_2 X_2 + \cdots + \beta_i X_i + \varepsilon \tag{6-1}$$

模型（6-1）中，Y 表示农村居民能源削减行为，采用因子分析方法得到；β_i表示回归系数，X_i表示各解释变量，ε 表示随机扰动项。

（二）解释性结构模型（ISM）构建

ISM 模型通过解析农村居民能源削减行为影响因素间的逻辑关系，可以将相互影响的多种影响因素分成不同层次，从而揭示这些影响因素的作用机理。ISM 模型的具体分析步骤有：构造影响因素间的逻辑关系、建立邻接矩阵、求可达矩阵、确定影响因素间的层级结构、构建解释性结构模型。

三、变量选择

根据已有文献，选择的潜变量具体说明如下：能源削减行为的测量参考了 Lindén and Klintman et al.（2003）的研究，设计了 5 个条目，题项为“我会尽可能地少用家用电器”等。节能责任感的测量参考 Dunlap et al.（2000）的研究，由3个题项构成，题项为“我有义务节约能源，减少碳排放”等。舒适偏好的测量参考岳婷（2014）的研究，由4个题项构成，题项为“我不太注意用能多少，该用就用”等。节能知识的测量参考 Frick et al.（2004）的研究，由4个题项构成，题项为“冰箱放八成满时，最省电，同时制冷效果最好”等。节能习惯的测量参考 Geng et al.（2017）的研究，由4个题项构成，题项为“我节能是不需要思考的事情”等。各潜变量均采用 Likert 7 点计分量表测量变量，要求农村居民根据自己实际情况打分，1~7 分别表示“完全不同意”至“完全同意”。各潜变量均通过因子分析方法得到。

本书选择的显变量具体说明如下：性别（男=1，女=0）、受教育年限（实际接受教育的年限）、年收入（2017年农村居民的可支配收入）。节能经济动机采用“节能最主要的原因是省钱”（1=是，0=否）。农村居民削减能源意愿，用“我今后将会关掉不用的电器电源减少待机能耗”测量（采用7分量表，1~7由完全不同意到完全同意）。农村居民用能信息获取难易程度（N）用农村居民获取电费详细账单和即时用电量等用能信息容易程度来测量（7分量表，1~7由难到易）。节能政策效度采用农村居民在家电使用过程中会考虑“阶梯电价”来测量（采用7分量表，1~7由完全不同意到完全同意）。电力价格水平和煤气煤炭价格水平都采用7分量表，1~7由低到高。

第四节 数据分析

利用 Stata14.0 软件对本书的各潜变量进行信度分析，结果如表6-1所示，各潜变量 KMO 值都大于0.699，表明潜变量适合做因子分析，各变量标准化因子载荷均大于0.608、潜变量平均抽取方差（AVE）值的平方根均大于0.704，都符合标准，这说明量表具有良好的收敛效度和建构效度。运用 Cronbach's α 系数和组合信度（CR）值对量表信度进行检验，结果显示，Alpha 值均大于0.704，CR 值都大于0.82，说明量表信度良好。从表6-1的信度效度分析结果可知，量表有良好的建构效度，可信度较高。

表 6-1　信度效度检验结果

变量	KMO 值	Alpha 值	CR	AVE 的平方根
能源削减行为	0.770	0.741	0.830	0.704
节能责任感	0.699	0.772	0.862	0.782
舒适偏好	0.759	0.789	0.865	0.785
节能知识	0.745	0.704	0.820	0.730
节能意愿	0.826	0.823	0.885	0.780

第五节　实证研究与讨论

一、模型回归结果分析

首先，运用 Stata14.0 软件对模型（6-1）进行回归分析，得到模型Ⅰ。其次，剔除模型Ⅰ中不显著的变量，得到模型Ⅱ，估计结果如表 6-2 所示。从表 6-2 可知，受教育年限、节能责任感、舒适偏好、节能知识、节能意愿、节能习惯、节能经济动机、用能信息获取难易程度、节能政策效度对农村居民能源削减行为有显著影响。结果分析具体如下：

受教育年限对农村居民能源削减行为有显著负向影响（$P<0.05$），表明农村居民的文化程度越高，越不会削减用能。

节能责任感对农村居民能源削减行为有显著正向影响（$P<0.05$），说明农村居民的节能责任感越强，越会在生活中减少用能。其原因可能是，具有较强节能责任感的农村居民会认为自己有责任尽量减少能源的使用，在生活中往往更加注重节约用能，更会削减能源消耗。

舒适偏好对农村居民能源削减行为有显著负向影响（$P<0.01$）。这意味着相对于没有舒适偏好的农村居民，有舒适偏好的农村居民更不会削减用能。可解释为，当农村居民有舒适偏好时，他们会把舒适放在首位，如果减少用能可能影响到舒适度时，他们则不会削减用能。

表 6-2 农村居民能源削减行为影响因素的估计结果

影响因素	自变量	模型Ⅰ		模型Ⅱ	
		系数	t 值	系数	t 值
人口统计特征	性别	0.035	0.45		
	年龄	0.001	0.29		
	受教育年限	-0.027**	-2.08	-0.028***	-3.27
	年收入	-0.001	-0.72		
心理因素	节能责任感	0.106**	2.31	0.103**	-2.23
	舒适偏好	-0.138***	-3.65	-0.137***	-3.64
	节能知识	0.083**	2.02	0.084**	2.1
	能源削减意愿	0.138***	3.92	0.141***	3.61
	节能习惯	0.114***	2.59	0.115***	2.65
情景因素	节能经济动机	0.210***	2.63	0.212***	2.69
	用能信息获取难易程度	0.052**	1.99	0.050*	1.83
	节能政策效度	0.043*	1.74	0.045*	1.73
	电力价格水平	0.025	0.63		
	煤气煤炭价格水平	-0.002	-0.04		
	R^2	0.206		0.204	
	F	10.870		17.108	
	p	0		0	

注：***、**、*分别表示1%、5%、10%的显著性水平。

节能知识对农村居民能源削减行为有显著正向影响（P<0.05），农村居民掌握的节能知识越多，越会实施节能行为。原因可能是，农村居民掌握的节能知识越多，在生活中利用这些知识节能的机会就越多，就越有助于农村居民开展节能活动。

能源削减意愿对农村居民能源削减行为有显著正向影响（P<0.01），表明农村居民的节能意愿越强烈，在生活中越会削减用能。可能的原因是，能源削减意愿强烈的农村居民已经开始考虑节约能源，在有机会节能的情形下，就有更大概率将意愿付诸行动。

节能习惯对农村居民能源削减行为有显著正向影响（$P<0.01$），说明有节能习惯的农村居民更会减少生活用能。原因在于，在生活中即使农村居民没有考虑到要减少用能，但在节能习惯的作用下，农村居民仍然会不加思考地削减能源消耗。

节能经济动机对农村居民能源削减行为有显著正向影响（$P<0.01$），意味着省钱目的越强烈的农村居民越会在生活中节约用能。原因可能是农村居民为了节约用能开支，在有机会减少用能时，他们会更积极地降低能源能耗。

用能信息获取难易程度对农村居民能源削减行为有显著正向影响（$P<0.05$），说明农村居民越容易获取用能信息，越可能在生活中减少用能。其原因可能在于，农村居民通过用能信息了解到当前自己能源消费的具体情况，这些信息起到提醒、引导农村居民减少能耗的作用。

节能政策效度对农村居民能源削减行为有显著正向影响（$P<0.1$），说明在家电使用过程中会考虑“阶梯电价”的农村居民更会节省用能。可解释为，“阶梯电价”是政府出台的旨在引导居民节能的一项政策，农村居民考虑到如果不节约能源，单位用能的成本会增加。因而，相对于用能时不考虑“阶梯电价”的农村居民，考虑“阶梯电价”的农村居民会更在意用能的经济成本，为了省钱他们在用能时会更节约。

二、ISM 分析结果

为了理清农村居民能源削减行为影响因素之间的逻辑关系，本书分别用 $S_0 \sim S_9$ 表示农村居民能源削减行为、受教育年限、节能责任感、舒适偏好、节能知识、削减节能意愿、节能习惯、用能信息获取难易度、节能政策效度和节能经济动机。聘请农村能源和环境行为方面的学者组成专家小组，确定上述 9 个因素间的逻辑关系（见图 6-1）。其中，“V”表示行因素对列因素有直接或间接影响，“A”表示列因素对行因素有直接或间接影响，“0”表示行列因素间无影响。

根据图 6-1 可达矩阵构成元素的计算法则，借助 Matlab7.0 软件，求得可达矩阵，再依据可达矩阵层次划分方法，求得 $L_1=\{S_5\}$，并依次得到 $L_2=\{S_2、S_6、S_8\}$，$L_3=\{S_4、S_7、S_9\}$，$L_4=\{S_1、S_3\}$，最终排序后得到可达矩阵式（6-2）。

0	V	V	0	V	V	0	V	S_1
0	0	0	0	V	0	A	S_2	
V	V	0	0	V	0	S_3		
0	0	0	V	V	S_4			
0	A	A	A	S_5				
0	0	0	S_6					
0	V	S_7						
A	S_8							
S_9								

图 6-1　农村居民能源削减行为影响因素间的逻辑关系

$$
N=\begin{array}{c}\\ S_5\\ S_2\\ S_6\\ S_8\\ S_4\\ S_7\\ S_9\\ S_1\\ S_3\end{array}
\begin{array}{c}
\begin{array}{ccccccccc} S_5 & S_2 & S_6 & S_8 & S_4 & S_7 & S_9 & S_1 & S_3 \end{array}\\
\left[\begin{array}{ccccccccc}
1 & 0 & 0 & 0 & 0 & 0 & 0 & 0 & 0\\
1 & 1 & 0 & 0 & 0 & 0 & 0 & 0 & 0\\
1 & 0 & 1 & 0 & 0 & 0 & 0 & 0 & 0\\
1 & 0 & 0 & 1 & 0 & 0 & 0 & 0 & 0\\
1 & 0 & 1 & 0 & 1 & 0 & 0 & 0 & 0\\
1 & 0 & 0 & 1 & 0 & 1 & 0 & 0 & 0\\
1 & 0 & 0 & 1 & 0 & 0 & 1 & 0 & 0\\
1 & 1 & 1 & 1 & 1 & 1 & 0 & 1 & 0\\
1 & 1 & 0 & 1 & 0 & 0 & 1 & 0 & 1
\end{array}\right]
\end{array}
\qquad (6-2)
$$

由式（6-2）可知，S_5处于第一层，S_2、S_6、S_8处于第二层，S_4、S_7、S_9处于第三层，S_1、S_3处于第四层，由此得到了影响农村居民能源削减行为各因素之间的关联与层次结构（见图 6-2）。从图 6-2 可知，在农村居民能源削减行为的影响因素中，农村居民能源削减节能意愿是表层直接影响因素，节能责任感、节能习惯、节能政策效度、节能经济动机、用能信息获取难易度、节能知识是中间间接因素，受教育年限、舒适偏好是深层根源因素。影响农村居民能源削减行为的各因素之间既相互独立，又相互联系，这些因素分别以直接或间接的方式影响农户能源削减行为。

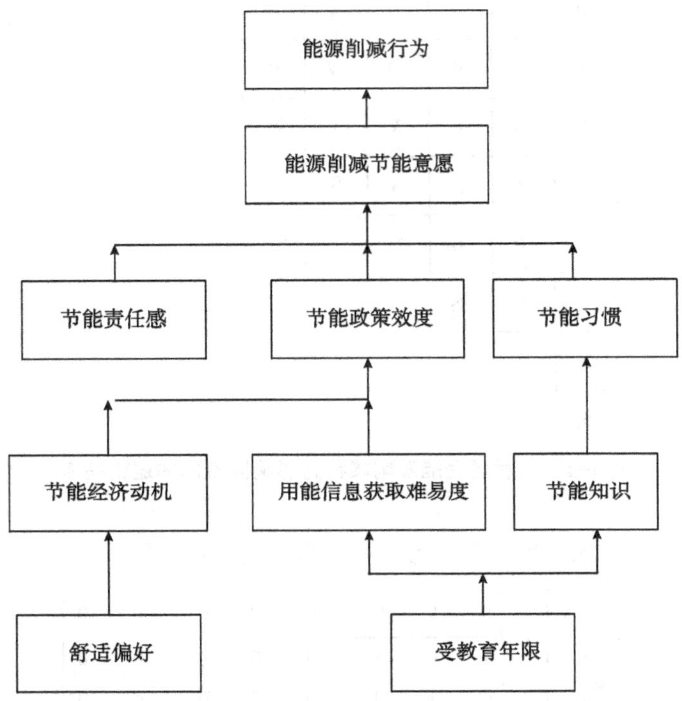

图 6-2　农村居民能源削减行为影响因素的关联层次结构

三、讨论

2014 年江西省被首批列入国家生态文明先行示范区，采用江西省农村居民调研数据，研究农村居民能源削减行为的发生机制，对于推进实施乡村振兴战略，促进我国生态文明建设有重要的现实意义。

（1）受教育程度对农村居民能源削减行为有显著的负向影响，年龄、收入对农村居民能源削减行为没有显著影响，这与岳婷（2014）的研究结论不一致。岳婷（2014）发现受教育水平高的城市居民群体与其他群体在节能行为上没有显著差异；年长的城市居民更加愿意牺牲一定的生活品质来实施能源削减节能行为；家庭收入水平较低的城市居民更加注重能源削减节能行为。这表明受教育程度、年龄和收入在对农村居民与城市居民的影响上存在显著差别。Ding et al.（2017）研究发现，居民的节能行为存在城乡差异。因此，为了更好地了解农村居民能源削减行为的形成机制，有必要在对居民进行城乡分类的基础上进行研究。

（2）用能信息获取难易程度和节能政策效度对农村居民能源削减行为影响显著。调查发现，一些农村居民感觉用能信息获取困难，因此不太关注生活用能，还有部分农村居民根本就不知道"阶梯电价政策"，他们表示如果知道这个政策，为了省钱，他们会改变日常的用能方式，减少用能。因此，政府一方面需要为农村居民了解用能信息提供便利条件，另一方面需要加大"阶梯电价政策"的宣传，让更多农村居民知晓国家节能政策，提高政策实施效果。

（3）节能经济动机对农村居民能源削减节能行为有显著影响，这与岳婷（2014）的研究结论一致。在602个农村居民样本中，有66.94%的农村居民将省钱作为能源削减节能行为的最主要目的。因此，政府在宣传节能政策时，应该重点从经济的角度进行宣传，农村居民才会对节能政策感兴趣，响应政府的节能政策，在生活中实施能源削减行为。

第六节　结论与启示

基于江西省602个农村居民的实地调查数据，本书运用回归分析方法研究农村居民能源削减行为的影响因素，在此基础上，采用ISM模型探究显著变量间的关联关系和层次结构。研究发现：①节能责任感、节能知识、能源削减意愿、节能习惯、用能信息获取难易程度、节能政策、节能经济动机对农村居民能源削减行为有正向影响；受教育年限、舒适偏好对农村居民能源削减行为有负向影响。②农村居民能源削减意愿是表层直接影响因素；节能责任感、节能政策效度、节能习惯位于第二层；节能经济动机、用能信息获取难易度、节能知识位于第三层；舒适偏好、受教育年限是深层次的根源原因。

根据上述研究结论，可得出以下政策启示：①需要对文化程度高的农村居民进行节能宣传教育，增强其节能责任感，提升他们的节能意识。从节能有助于保护环境的角度，引导他们改变用能习惯，在生活中节约能源。②政府应定期提供农村居民用能信息，发挥信息的反馈作用，引导农村居民削减用能。③通过电视、宣传栏、微信等多种媒介向农村居民宣传节能的方法和窍门，让农村居民掌握一些节能知识，使想节能的农村居民知道如何节约能源。与此同时，还要加大国家节能政策法规的宣传力度，让农村居民切身体会到国家对节能工作的重视，提高农村居民节能的自觉性，充分发挥节能政策的引导和激励作用。

第七章　农村居民能效投资意愿与行为偏差研究

第一节　引言

随着农村居民收入水平的提高，农村居民购买家用电器的数量和种类不断增加，引导农村居民购买高效节能家电对促进民用节能尤为重要。“十三五”规划节能减排综合工作方案中明确提出，要推进农业农村节能，到2020年，全国农村地区基本实现稳定可靠的供电服务全覆盖，鼓励农村居民使用高效节能电器。课题组调研发现，部分农村居民有购买节能家电的意愿，但并未付诸实施；有一些农村居民没有购买意愿，却购买了节能家电。为什么会出现这些偏差呢？是哪些因素导致了偏差的出现？这些问题的研究对推动农村居民参与能效投资节能，响应国家促进绿色消费的政策，具有重要意义。

现有文献从两个方面对居民的节能行为进行了深入的研究。一是研究影响城市居民节能意愿或行为的因素。研究表明，心理因素（主观规范、节能知识等）、情境因素（社会规范、政府补贴、节能产品属性等）和社会人口统计学因素（年龄、性别、受教育程度等）对城市居民节能意愿或行为有影响（Han et al.，2013；Johan et al.，2011；杨树，2015；芈凌云等，2016；Abrahamse et al.，2009；Wang et al.，2011）。二是探究哪些因素在城市居民或企业员工节能意愿转化为行为过程中有调节作用。学者研究发现，经济因素、节能知识、用能习惯、政策环境等因素对个体节能意愿作用于行为路径的调节效应显著（Raaij et al.，1983；吕荣胜等，2016；杨君茹等，2018；岳婷，2014）。

虽然已有文献对居民节能行为进行了大量研究，得出了许多有价值的结论，但仍存在以下不足：一是已有研究集中于城市居民或企业员工，以农村居民作为研究对象的文献很少。有研究发现居民能源消费行为的影响因素存在城乡差别（丁志华等，2016），因此有必要对农村居民的节能意愿与行为进行研究。二是已有文献大多分析了居民节能意愿与行为关系的影响因素，但居民节能行为可细分为习惯调整节能行为、品质阈限节能行为、人际促进节能行为、能效投资节能行为等（岳婷，2014）。目前，我国单位 GDP 能耗高于世界平均水平，节能和提升能效的潜力仍然较大（尹小兰，2015），因而研究居民能效投资意愿与行为关系十分重要。三是已有文献对城市居民节能意愿转化为行为过程中的调节因素进行了探究，根据居民是否意愿节能可分为：愿意和不愿意，按照居民是否节能可分为：有节能行为和无节能行为，由此居民节能意愿与行为之间就存在四种关系（有意愿有行为、有意愿无行为、无意愿无行为和无意愿有行为），但鲜有文献分别对这四种关系展开研究。鉴于此，本书采用江西省的调查数据，研究农村居民能效投资意愿与行为偏差的影响因素，以期为引导农村居民参与能效投资提供有益参考。

第二节　理论分析

态度—情境—行为理论指出，行为是个体态度和外部情境因素两者相互作用的最终结果。当情境因素的影响较弱时，态度对行为的预测作用最强，而当情境因素极为有利或不利时，态度对行为的影响将接近于零。Guagnano et al.（1995）发现，态度因素与外部条件因素（如社会法规）对居民的垃圾回收行为有显著的交互作用。王建明（2013）提出，社会参照规范在资源节约意识与行为间的联结关系中，存在调节效应。岳婷（2014）研究结果表明，城市居民节能意愿作用于能效投资节能行为的路径，受到了政府政策和能源价格的正向调节。杨冉冉（2016）发现，对绿色出行行为的行为结果感知，会反过来影响城市居民绿色出行意愿和行为的实施。据此，本书认为社会规范、政策工具、能源价格和行为结果在农村居民能效投资意愿向行为的转化过程中有调节作用。

动机—机会—能力模型认为，只有在完全由意志控制的条件下，动机（意愿）与行为间的一致性才能实现，而机会变量（情境状况）和能力变量（习惯和任务知识）是由意愿到行为过程中的调节变量。居民节能意愿向实际行为的转化过程，会因为缺乏节能使用或节能效果的知识而受到阻碍（Verhallen and

Raaij，1981），在缺少与节能有关的知识时，即使具有很强的节能意识也无法形成具体的节能行为（Raaij and Verhallen，1983）。杨君茹和王宇（2018）研究发现，习惯对城镇居民意愿与削减型节能行为之间的关系有反向调节作用。据此，本书认为节能知识和节能习惯在农村居民能效投资意愿向行为的转化过程中有调节作用。

行为推理理论提出，合理性在个体的行为意向和行为之间起到桥梁和衔接的作用。其中，合理性是推动个体履行或者拒绝特定行为的依据。研究表明，履行绿色消费的理由形成积极的绿色消费意愿，拒绝绿色消费的理由带来绿色消费行为的规避，两者不一致最终导致绿色消费意愿行为缺口的出现（王建国和杜伟强，2016）。据此，本书认为接受的理由和拒绝的理由在农村居民能效投资意愿向行为的转化过程中有调节作用。

居民的节能行为是一种亲环境行为，已有研究发现，社会人口统计学因素（性别、年龄、婚姻状况、学历、收入等）在居民环境意愿与行为中有调节作用。如 Li（1997）发现，性别和收入在生态态度与绿色购买行为之间存在显著的调节作用。研究表明，性别、年龄、学历、收入 4 个变量对心理意识因素与生态文明行为之间的路径关系存在调节效应，其中，年龄的调节作用最显著，其次为收入、性别和学历（王建明和郑冉冉，2011）。据此，本书认为社会人口统计学变量：性别、年龄、婚姻状况、受教育程度、年可支配收入、家庭居住地在农村居民能效投资意愿向行为的转化过程中有调节作用。

第三节　研究设计

一、数据来源与样本特征

本书的研究数据来源于课题组 2017 年 10 月至 2018 年 6 月对江西省农村居民的问卷调查，调查内容主要围绕农村居民的节能行为，调查使用分层随机抽样技术选取样本，得到有效问卷 602 份，有效率为 92.62%。在农村居民能效投资意愿与行为的选择情况中，“有意愿有行为”“有意愿无行为”“无意愿无行为”和“无意愿有行为”的样本中农村居民分别为 214 人、124 人、146 人和

118人，存在偏差（有意愿无行为、无意愿有行为）的样本农村居民占比达39.9%，契合本书的研究重点。

二、变量设置

采用两种类型变量，潜变量通过因子分析方法得到，显变量则直接测量。选择的潜变量包括节能知识、节能习惯、行为结果、社会规范、政策工具、能源价格、接受的理由和拒绝的理由，这8个潜变量的测量题项均采用李克特7级量表测量，其中“1”代表完全不同意，“7”代表完全同意。具体说明如下：节能知识的测量参考Frick et al.（2004）的研究，由4个题项构成，题项为“电器设备待机时的耗电量，一般为其开机耗电量的10%左右”等。节能习惯的测量参考Geng et al.（2017）的研究，由4个题项构成，题项为“购买节能型家电是我的习惯”等。行为结果的测量参考Ajzen et al.（2002）的研究，由3个题项构成，题项为“节能可以节约开支”等。社会规范的测量参考Park et al.（1977）的研究，由4个题项构成，题项为“朋友、家人的推荐会影响我是否购买节能产品（如节能家电）”等。政策工具的测量参考芈凌云（2011）的研究，由6个题项构成，题项为“如政府对节能产品进行补贴，我更愿意购买节能产品（如家电、太阳能热水器等）”等。能源价格的测量参考岳婷（2014）的研究，由2个题项构成，题项为“电价、油价的不断上涨让我越来越注意节电和节油”等。接受的理由的测量参考王建国等（2016）的研究，由4个题项构成，题项为“节能有利于缓解能源短缺问题”等；拒绝的理由的测量参考Claudy et al.（2013）的研究，由4个题项构成，题项为“节能家电技术不成熟”等。

显变量包括：农村居民能效投资意愿（测量题项为“只要时间财力允许，我愿意购买节能产品”）与农村居民能效投资行为（测量题项为“我家买的空调、冰箱等家电产品大都是节能型的”），均采用李克特7级量表进行测量（1=完全不同意，2=比较不同意，3=有点不同意，4=不确定，5=有点同意，6=比较同意，7=完全同意）；性别（女=0，男=1）；年龄（20岁以下=1，20~30岁=2，31~40岁=3，41~50岁=4，50岁以上=5）；婚姻状况（未婚=0，已婚=1）；受教育程度（初中及以下=1，高中=2，本科及以上=3）；年可支配收入（10000元以下=1，10000~30000元=2，30001~50000元=3，50001~100000元=4，100000元以上=5）；家庭住址居住地（传统农村=1，乡镇=2，县城=3，打工所在地=4）。具体的变量定义及描述性统计分析如表7-1所示。

表 7-1　变量定义和描述性统计

	变量	赋值说明	均值	标准差	最小值	最大值
因变量	农村居民能效投资意愿与行为的偏差	有意愿有行为=1，有意愿无行为=2，无意愿无行为=3，无意愿有行为=4	2.18	1.20	1	4
人口统计因素	性别	女=0，男=1	0.49	0.50	0	1
	年龄	20岁以下=1，20~30岁=2，31~40岁=3，41~50岁=4，50岁以上=5	3.33	1.33	1	5
	婚姻状况	未婚=0；已婚=1	0.74	0.44	0	1
	受教育程度	初中及以下=1，高中=2，本科及以上=3	1.59	0.82	1	3
	年可支配收入	10000元以下=1，10000~30000元=2，30001~50000元=3，50001~100000元=4，100000元以上=5	2.48	1.16	1	5
	家庭住址	传统农村=1，乡镇=2，县城=3，打工所在地=4	1.40	0.75	1	4
心理因素	节能知识	节能知识4个测量题项得分的均值	4.77	1.06	1.5	7
	节能习惯	节能习惯4个测量题项得分的均值	5.09	1.22	1.75	7
	行为结果	行为结果3个测量题项得分的均值	5.82	0.90	2	7
情境因素	社会规范	社会规范4个测量题项得分的均值	4.64	1.09	1	7
	政策工具	政策工具6个测量题项得分的均值	6.04	0.78	1.67	7
	能源价格	能源价格2个测量题项得分的均值	5.83	1.11	1	7
	接受的理由	接受的理由4个测量题项得分的均值	5.98	0.89	2	7
	拒绝的理由	拒绝的理由4个测量题项得分的均值	4.68	1.22	1	7

三、模型选择

由于本书的因变量是农村居民能效投资意愿与行为的偏差，它是四分类离散型变量，适合采用多元 Logistic 回归模型，可表述为：

$$\ln\left[\frac{P(Z_1)}{P(Z_3)}\right] = \alpha_1 + \sum_{k=1} \beta_{1k} x_k + \varepsilon \tag{7-1}$$

$$\ln\left[\frac{P(Z_2)}{P(Z_3)}\right] = \alpha_2 + \sum_{k=2} \beta_{2k} x_k + \varepsilon \tag{7-2}$$

$$\ln\left[\frac{P(Z_4)}{P(Z_3)}\right] = \alpha_3 + \sum_{k=3} \beta_{3k} x_k + \varepsilon \tag{7-3}$$

式（7-1）、式（7-2）、式（7-3）中，P 表示农村居民能效投资意愿与行为选择的概率；Z_1表示选择“有意愿有行为”，Z_2表示选择“有意愿无行为”，Z_3表示选择“无意愿无行为”，Z_4表示选择“无意愿有行为”；α_n表示常数项，x_k表示解释变量，β_{nk}表示第 k 个影响因素的回归系数，ε 表示随机扰动项。

第四节 实证结果与分析

借助 Stata14.0 软件对影响因素进行多元 Logistic 回归分析，结果如表 7-2 所示，该回归结果的对数似然值为 655.2，在统计上达到了显著水平，该模型具有较强的解释能力。模型 1 分析“有意愿有行为”与“无意愿无行为”发生比的影响因素，模型 2 分析“有意愿无行为”与“无意愿无行为”发生比的影响因素，模型 3 分析“无意愿有行为”与“无意愿无行为”发生比的影响因素。

表 7-2 模型回归结果（以“无意愿无行为”为参照）

因变量	变量	模型 1（有意愿有行为）		模型 2（有意愿无行为）		模型 3（无意愿有行为）	
		回归系数	标准误差	回归系数	标准误差	回归系数	标准误差
人口统计因素	性别	-0.247	0.265	-0.434	0.316	-0.439	0.281
	年龄	-0.021	0.140	0.205	0.171	0.063	0.152
	婚姻状况	0.297	0.668	-0.232	0.796	0.478	0.713
	受教育程度	0.250	0.325	0.188	0.383	0.481	0.342
	年可支配收入	0.124	0.130	0.261*	0.154	0.166	0.140
	家庭居住地	-0.084	0.170	-0.018	0.202	0.003	0.182
心理因素	节能知识	0.155	0.144	0.080	0.171	0.365**	0.161
	节能习惯	0.845***	0.132	0.164	0.148	0.432***	0.138
	行为结果	0.266	0.169	0.200	0.198	0.157	0.172

续表

因变量	变量	模型 1（有意愿有行为）		模型 2（有意愿无行为）		模型 3（无意愿有行为）	
		回归系数	标准误差	回归系数	标准误差	回归系数	标准误差
情境因素	社会规范	-0.179	0.137	0.031	0.162	0.010	0.148
	政策工具	0.498**	0.199	0.447*	0.244	0.167	0.201
	能源价格	0.243*	0.132	0.205	0.164	0.385**	0.150
	接受的理由	0.684***	0.173	0.691***	0.215	0.081	0.178
	拒绝的理由	-0.232*	0.119	-0.210	0.139	-0.061	0.128
常量		-12.724	1.787	-10.807	2.079	-9.469	1.802
Log likelihood		-655.286					
Prob>chi2		0.0000					
Pseudo R^2		0.153					

注：*、**、*** 分别表示在 10%、5%、1%的水平上显著。

为了准确分析显著变量对偏差的影响程度，本书同时计算了影响因素的边际效应，结果如表 7-3 所示。

表 7-3 显著变量的边际效应

变量	有意愿有行为		有意愿无行为		无意愿无行为		无意愿有行为	
	边际效应	标准误差	边际效应	标准误差	边际效应	标准误差	边际效应	标准误差
年可支配收入	-0.005	0.023	0.019	0.016	-0.021	0.016	0.007	0.019
节能知识	-0.006	0.025	-0.013	0.017	-0.026	0.018	0.046***	0.021
节能习惯	0.152***	0.024	-0.053***	0.015	-0.080***	0.015	-0.019	0.019
政策工具	0.075*	0.039	0.017	0.027	-0.052**	0.023	-0.040	0.030
能源价格	0.005	0.025	-0.004	0.018	-0.036**	0.016	0.036	0.022
接受的理由	0.113***	0.034	0.038	0.024	-0.068***	0.020	-0.084***	0.026
拒绝的理由	-0.037*	0.019	-0.009	0.013	0.024*	0.014	0.021	0.016

注：*、**、*** 分别表示在 10%、5%、1%的水平上显著。

（1）人口统计因素对农村居民能效投资意愿与行为偏差的影响。人口统计因素中，仅年可支配收入在模型 2 中通过了 10%统计水平上的显著性检验，回归系数为正（0.261），说明相对于“无意愿无行为”，年可支配收入越高的农村居民选择“有意愿无行为”的可能性越大，即收入的提高有助于激发农村居民的能效投资意愿。可能的解释是农村居民的收入来源少、水平低，而高效节能产品价格昂贵，从根本上限制了农村居民的购买力，然而随着收入的增加，农村居民购买节能产品的意愿会随之增强。

（2）心理因素对农村居民能效投资意愿与行为偏差的影响。节能知识在模型3中的回归系数为正（0.365），并在5%的水平上显著，说明相对于“无意愿无行为”，农村居民的节能知识越丰富，能效投资越倾向于选择“无意愿有行为”，且节能知识每上升一个等级，选择“无意愿有行为”的概率增加4.6%。这可能是因为农村居民的受教育程度相对较低，同时缺乏相关的节能知识，但随着节能家电的宣传与普及，使得农村居民感受到节能产品的优势与价值，更有可能购买高效节能家电。

节能习惯在模型1和模型3中均在1%的统计水平上显著，回归系数均为正（0.845、0.432），说明相对于“无意愿无行为”，节能习惯越好的农村居民，在能效投资时选择“有意愿有行为”“无意愿有行为”的概率越大。边际效应显示，农村居民的节能习惯每上升一个等级，能效投资“有意愿有行为”的概率增加15.2%，“有意愿无行为”的概率下降5.3%，“无意愿无行为”的概率下降8.0%。原因可能是有良好节能习惯的农村居民，会自觉投入节能活动中，能效投资意愿与行为越发保持一致；即使在没有能效投资意愿的情况下，偏好节能的农村居民也会在实际购买家电时，优先选择高效节能型。

（3）情境因素对农村居民能效投资意愿与行为偏差的影响。政策工具在模型1和模型2中的回归系数均为正（0.498、0.447），分别在5%和10%的水平上显著，说明相对于“无意愿无行为”，政府政策工具的强度越大，农村居民能效投资选择“有意愿有行为”“有意愿无行为”的可能性越大。此外，政策工具的强度每上升一个等级，农村居民能效投资“有意愿有行为”的概率增加7.5%，“无意愿无行为”的概率下降5.2%。可以解释为政府明确的节能规范以及补贴奖励政策，一方面促进了农村居民形成能效投资意愿，另一方面促进了农村居民落实能效投资行为，强化了农村居民将购买意愿转化为行为。

能源价格在模型1和模型3中分别通过了10%和5%统计水平上的显著性检验，回归系数均为正（0.243、0.385），说明相对于“无意愿无行为”，能源价格水平越高，农村居民能效投资越倾向于选择“有意愿有行为”“无意愿有行为”，且能源价格每上升一个等级，选择“无意愿无行为”的概率下降3.6%。

这可能是因为农村居民对价格敏感，能源价格的上涨会导致生活成本增加，为减少能耗降低支出，刺激其购买高效节能家电，产生能效投资节能行为。

接受的理由在模型 1 和模型 2 中均在 1%的统计水平上显著，回归系数均为正（0.684、0.691），说明相对于“无意愿无行为”，农村居民对节能行为越认同，选择“有意愿有行为”“有意愿无行为”的概率越大。其边际效应表明，认同感每上升一个等级，农村居民能效投资“有意愿有行为”的概率增加 11.3%，“无意愿无行为”的概率下降 6.8%，“无意愿有行为”的概率下降 8.4%。原因可能是农村居民越认为节能是合理的，认可其将带来经济成本节省、降低环境污染等好处时，就越有可能萌发能效投资的意愿。

拒绝的理由在模型 1 中的回归系数为负（-0.232），通过了 10%统计水平上的显著性检验，说明相对于“无意愿无行为”，农村居民拒绝节能产品的念头越强烈，在能效投资时越不可能选择“有意愿有行为”，且拒绝的念头每上升一个等级，“有意愿有行为”的概率下降 3.7%，“无意愿无行为”的概率上升 2.4%。可能的解释是农村居民认为节能产品存在着价格高、技术不成熟、性能不稳定等缺点，这些因素严重阻碍了农村居民能效投资意愿与行为的产生。

第五节　研究结论与启示

本书基于江西省 602 个农村居民的调查数据，运用多元 Logistic 回归模型对影响农村居民能效投资意愿与行为偏差的因素进行分析，研究发现：①年可支配收入、节能知识、节能习惯、政策工具、能源价格和接受的理由是导致农村居民能效投资意愿与行为出现偏差的重要因素。②在农村居民不具有能效投资意愿的情况下，节能知识和政策工具会推动能效投资节能行为的产生；年可支配收入、能源价格和接受的理由有助于激发农村居民形成能效投资意愿。③节能习惯、政策工具、能源价格和接受的理由对农村居民能效投资意愿转化为能效投资行为有促进作用，边际效应分别为 15.2%、7.5%、0.5%和 11.3%；而拒绝的理由起阻碍作用，边际效应为-3.7%。

根据上述研究结论，可得出以下政策启示：

第一，经济因素在推进农村居民能效投资中是不容忽视的。一方面要大力发展农村的经济建设，通过增加农村居民的收入来提升其购买节能家电的能力与意愿；另一方面要充分发挥政府的拉动作用，既可以为农村居民购买节能家电提供补贴，也可以适当地对能源价格进行调整，引起农村居民对节能的重视。

第二，节能知识的缺乏以及对节能产品的误解阻碍了农村居民参与能效投资。应开展对农村居民的节能教育，通过电视、网络、报刊、展销等线上线下方式消除农村居民在节能方面的盲区；同时应加强节能产品的宣传与推广，使农村居民能够充分了解节能产品的价值，发自内心地认可和接受节能产品，从而进行能效投资。

第三，培养节能习惯对农村居民可持续的能效投资具有重要意义。要引导农村居民树立节能意识，并自觉落实为节能行动，最终固化为习惯；还要发挥节能榜样在群体中的“带头作用”，营造节能光荣的乡村氛围。另外，在推动农村居民参与能效投资的过程中，要倡导科学的消费观，不盲从、不攀比、不过度消费。

第八章 中国传统文化价值观对农村居民人际促进节能行为的影响研究

第一节 引言

农村居民是具有社会属性的个体，农村居民通过人际关系引导身边更多的人节能，是促进农村居民节能的一个重要途径。文化对个体行为的影响在于文化为个体行为设置了规范，而规范源于文化价值观（霍金斯，2013）。文化价值观是社会大多数成员所信奉的和普遍倡导的信念，通过形成规范影响社会成员的态度和行为（Hawkins and Mothersbaugh，2011；Kluckhohn，1951）。可见，中国传统文化价值观会通过社会规范影响农村居民的人际促进节能行为。因此，研究传统文化价值观对农村居民人际促进节能行为的影响，对于推进我国生态文明建设有重要意义。

现有居民节能行为的研究主要集中在两个方面，一是对居民节能行为概念和类型进行了界定（Scott et al.，2000；Dillman et al.，1983；Barr et al.，2005；杨树，2015）。如岳婷（2014）将居民节能行为分为习惯调整节能行为、品质阈限节能行为、能效投资节能行为、人际促进节能行为四种。借鉴岳婷（2014）对居民人际促进节能行为界定的思想，将农村居民人际促进节能行为定义为农村居民通过主动的人际活动促进他人节能的行为。二是研究居民节能行为影响因素的文献比较多，而研究居民人际促进节能行为的比较少。岳婷（2014）研究发现，心理因素（生态型价值观、行为感知控制、主观规范等）通过节能意愿间接影响城市居民人际促进节能行为，情景变量（节能社会规范、引导型政策普及程度、政策执行力度和效度、信息干预力度和效度）在节能意愿与人际促进节能行为中起调节作用；行为结果既会影响节能意愿又会影响人际促进节能行为；社会人口统计特征（家庭特征和个体特征）对城市居民人际促进节能行为有直接影响。

已有中国传统文化价值观对居民亲环境行为的研究主要集中在绿色消费领域，如劳可夫和王露露（2015）研究发现中国传统文化价值观通过绿色购买态度、绿色购买主观规范和绿色购买知觉控制间接影响绿色购买行为。Chan（2001）认为以集体主义和人与自然关系导向为主要内容的文化价值观对消费者的绿色购买行为有正向影响。

综上所述，现有研究对人际促进节能行为、文化价值观等方面进行了广泛的研究，成果丰硕，但仍存在以下不足：①现有文献对居民节能行为的研究主要关注环境价值观，中国文化价值观对居民节能行为的影响研究还很缺乏。②已有居民人际促进节能行为的研究主要关注城市居民，研究农村居民的文献鲜见。在居民亲环境行为上，现有研究表明居民亲环境行为存在差别，农村居民比城市居民更易受到传统文化的影响（Wang et al.，2016）。因而，有必要对农村居民人际促进节能行为进行研究。为此，本书采用江西省农村居民的调研数据，研究中国传统文化价值观对农村居民人际促进节能行为的影响，有助于深化对中国文化价值观的认识，并为引导农村居民人际促进节能行为提供新的思路。

第二节　文献回顾及假设提出

价值—信念—规范理论提出个体不同的价值观形成不同的新生态范式，从而对个体环境行为产生影响。已有研究表明，中国传统文化价值观对居民亲环境行为有正向影响。如：劳可夫和王露露（2015）研究显示中国传统文化价值观对绿色购买行为具有正向影响。王建明和赵青芳（2017）研究发现道家价值观能够有效促进消费者循环回收行为。汪兴东和景奉杰（2012）研究提出中国传统的天人合一和集体主义正向影响城市居民的低碳购买行为。张梦霞（2005）研究发现，消费者的道家文化价值观特征倾向越强烈，越倾向于购买绿色产品。Mccarty and John（1994）研究指出具有集体主义倾向的居民更容易表现出亲环境行为。故而，提出如下假设。

H1：中国传统文化价值观对农村居民人际促进节能行为有显著的正向

影响。

价值—信念—规范理论认为价值观会影响个体的情感。因此居民的环境情感会受到价值观的影响。环境情感是个体对环境问题或环境行为是否满足自己的需要而产生的态度体验，环境情感分为积极环境情感和消极环境情感（王建明，2015）。已有研究发现，中国传统文化价值观正向影响居民环境情感。如：张天舒（2017）研究发现中国文化背景下消费者的文化价值观对绿色消费积极情感有正向影响。王建明和赵青芳（2017）发现“天人合一”的道家价值观正向影响消费者的环境愤怒感。王丹丹（2013）认为道家人天导向的文化价值观对消费者生态情感有正向影响。为此，提出 H2。

H2：中国传统文化价值观对农村居民消极节能情感有正向影响。

中国传统文化价值观影响下的居民一般认为，个人是周围社会关系紧密联系的一部分，并依赖周围的社会关系而存在，有很强的依存型自我建构特征（劳可夫和王露露，2015）。依存型自我建构是将自己的态度和行动建立在其他关系人的思想、情感和行动基础之上的自我（Markus and Kitayama，1991）。主观规范是农村居民在思考是否和如何促进他人节能时所感知的社会压力。依存型自我建构倾向越强，对紧密联系社会的个人形象评价也越高（Milvavskva and Reoch，2010）。可见，依存型自我建构会影响农村居民对自我和对他人的评价，农村居民的依存型自我建构倾向越强，越在意自己的行为是不是环保行为，以及由此导致的别人对自己的正面或者负面的评价。因此，依存型自我建构对农村居民主观规范有正向影响。为此，提出 H3。

H3：中国传统文化价值观对农村居民主观规范有正向影响。

知觉控制是农村居民感知的实施人际促进节能行为的可能性和容易程度，是农村居民对实施人际促进节能行为的促进或阻碍因素的知觉。依存型自我建构强的农村居民更可能是为了保护环境，而付出更多的努力。劳可夫和王露露（2015）研究发现依存型自我建构正向影响消费者绿色购买知觉控制。因此，依存型自我建构对农村居民的知觉控制可能会有正向的影响。为此，提出 H4。

H4：中国传统文化价值观对农村居民行为控制感知有正向影响。

人际行为理论认为个体的情感通过行为意愿影响个体行为。情感因素是预测环保行为的一个很好的指标（Smith et al.，1994）。Meneses et al.（1994）的研究证实绿色情感会影响环保行为。王建明和吴龙昌（2015）研究表明消极绿色情感对绿色购买行为有显著影响。Chan et al.（2000）发现绿色情感对中国居民绿色购买行为有显著的正面影响。张轶之等（2020）研究表明，消极情感中的愧疚感对农村居民节能家电购买行为、住宅投资节能行为和习惯调整节能行为有直接影响。为此，提出如下假设。

H5：消极节能情感对农村居民人际促进节能行为有直接影响。

计划行为理论认为个体对特定行为的主观规范及行为控制感知正向影响个体行为。已有研究发现，主观规范和行为控制感知会对居民亲环境行为有直接影响。如杨冉冉（2016）研究发现主观规范对居民绿色出行有直接影响。岳婷（2014）发现主观规范、知觉行为控制会直接影响城市居民的人际促进行为。Yadav et al.（2017）发现知觉行为控制可以有效地预测发展中国家居民的绿色消费行为。王建明（2016）研究表明，居民的知觉行为控制对其家庭节水行为有显著影响。杨君茹和王宇（2018）基于计划行为理论研究表明，知觉行为控制是居民家庭节能行为的直接影响因素。因此，农村居民的主观规范、行为控制感知可能会影响其人际促进节能行为。为此，提出以下假设。

H6：主观规范对农村居民人际促进节能行为有直接影响。

H7：行为控制感知对农村居民人际促进节能行为有直接影响。

第三节　研究设计

一、数据来源

本书所用数据均源自课题组 2017 年 10 月至 2018 年 6 月对江西省农村的实地调研。为了确保样本数据具有代表型，本书采用分层随机抽样技术选取样本农村居民，课题组成员采用面对面的方式访谈农村居民，根据样本居民的回答填写调查问卷，共回收问卷 650 份，其中有效问卷 602 份，问卷有效率为 92.62%。

二、变量设置

为了确保量表的信度和效度，本书主要采用国内外较为成熟的量表作为测量工具，并结合中国农村情景以及研究目的，对量表的内容进行适当的修改。

在正式调查前，通过对农村居民的访谈和小样本预试，在修正量表的基础上形成正式的量表。在正式的农村居民调查问卷中，所涉及的主要变量均采用李克特 7 级量表，要求农村居民根据自身实际情况进行评价。各潜变量测量题项的描述性统计如表 8-1 所示。

表 8-1　调查问卷各测度变量的描述性统计分析结果

潜变量	代码	测量变量	平均值	标准差
人际促进节能行为（CJ）	CJ1	我会主动向亲朋好友或邻居建议节能，分享节能经验	4.659	1.742
	CJ2	我参加了“世界节能日”活动	2.988	2.026
	CJ3	我参加了“地球一小时”的全球熄灯一小时活动	3.141	2.122
中国传统文化价值观（CT）	CT1	良好人际关系比我自己取得成绩更重要	5.407	1.325
	CT2	对我来说和他人维持融洽关系非常重要	5.859	1.075
	CT3	我周围人的快乐就是我的快乐	5.266	1.300
主观规范（GRGF）	GRGF1	我节能的目的是保护环境	4.862	1.581
	GRGF2	我计划通过节能来保护环境	4.879	1.483
	GRGF3	为了保护环境，我每天都会节能	4.855	1.490
行为控制感知（KZ）	KZ1	是否节能完全取决于我自己	4.746	1.571
	KZ2	实施节能行为遇到困难时，我总是能够解决	4.166	1.406
	KZ3	实施节能时，即使我感到有障碍，也不会放弃	4.512	1.487
消极节能情感（XJ）	XJ1	看到别人浪费能源，我会感到很气愤	4.513	1.493
	XJ2	如果我不节约能源，我会感到很羞耻	4.400	1.532
	XJ3	如果我不节约能源，我会感到很痛心	4.462	1.558

人际促进节能行为的测量改编自岳婷（2014）的研究，由 3 个题项构成。中国传统文化价值观的测量改编自劳可夫和王露露（2015）的研究，由 3 个题项构成。主观规范的测量改编自 Geng et al.（2017）的研究，由 3 个题项构成。行为控制感知因素的测量改编自岳婷（2014）的研究，由 3 个题项构成。消极节能情感的测量改编自 Harth et al.（2013）、Onwezen et al.（2013）的研究，由 3 个题项构成。

三、结果与分析

（一）共同方法偏误检验

共同方法偏误是指两个变量由于使用同一种测量方法而出现的伪相关。本书采用 Harman 的单因子法和比较构念间的相关系数两种方法来检验共同方法偏误。在 Harman 的单因子法中，若未旋转下第一个因子方差解释量超过 50%，则认为具有较高的共同方法偏误，本书中第一个因子初始特征值的方差解释量为 38.96%，小于 50%，共同方法偏误在可接受的范围内。在比较构念间的相关系数中，若构念间相关系数大于 0.9，则具有较高的共同方法偏误，本书构念之间的相关系数最大值为 0.532，小于 0.9，在可接受的范围内。因此，本书使用的样本数据的共同方法偏误在可接受范围之内。

（二）信度与效度检验

1. 信度检验

运用 Stata 16.0 软件对问卷进行信度分析，结果如表 8-2 所示。各潜变量的 Cronbach's α 值系数均高于 0.5，CR 值均高于 0.5，这表明量表的内部一致性较好，本书所使用调查问卷的可信度较高。

表 8-2　信度和效度检验结果

潜变量	代码	α 值	CR	标准化因子载荷	AVE	KMO 值
人际促进节能行为（CJ）	CJ1	0.764	0.863	0.633	0.682	0.592
	CJ2			0.910		
	CJ3			0.904		
中国传统文化价值观（CT）	CT1	0.778	0.874	0.853	0.697	0.700
	CT2			0.837		
	CT3			0.815		
主观规范（GRGF）	GRGF1	0.861	0.916	0.871	0.784	0.725
	GRGF2			0.909		
	GRGF3			0.876		

续表

潜变量	代码	α值	CR	标准化因子载荷	AVE	KMO值
行为控制感知（KZ）	KZ1	0.708	0.840	0.734	0.637	0.636
	KZ2			0.859		
	KZ3			0.796		
消极节能情感（XJ）	XJ1	0.855	0.912	0.822	0.777	0.686
	XJ2			0.924		
	XJ3			0.895		

2. 效度检验

本书借助 Stata 16.0 和 Amos 26.0 软件，采用因子载荷、平均方差抽取量（AVE）和组合信度（CR）检验收敛效度结果如表 8-2 所示。首先，各潜变量对应分量表的 KMO 统计值均在 0.592 以上，检验结果的显著性水平均小于 0.001，这意味着研究量表适合进行因子分析；其次，本书各变量的标准化因子载荷值均大于 0.633，各因子（潜变量）的平均方差抽取量（AVE）都大于 0.682，这表明各潜在变量均有较好的收敛效度。

采用 AVE 值来检验区别效度，如果各变量 AVE 值的平方根均大于它与其他变量间相关系数的绝对值，则认为变量间具有良好的区别效度。本书区别效度的检验结果如表 8-3 所示。从表 8-3 可知，各潜变量的 AVE 值平方根均明显高于与其他变量相关系数的绝对值，说明各变量间有较好的区别效度。

表 8-3 区别效度检验结果

潜变量	人际促进节能行为	主观规范	行为控制感知	消极节能情感	中国传统文化价值观
人际促进节能行为	0.826				
主观规范	0.478***	0.885			
行为控制感知	0.373***	0.456***	0.798		
消极节能情感	0.437***	0.532***	0.474***	0.881	
中国传统文化价值观	0.227***	0.467***	0.338***	0.355***	0.835

注：*、**、*** 分别表示 10%、5%、1%的显著水平。

第四节 模型分析与假设检验

一、模型适配度检验

根据信度和效度结果判断，变量适合建构结构方程模型进行分析。运用Amos 25.0软件对模型进行初次拟合，拟合的结果不够理想。因此对模型进行修正，修正后的拟合指标如下：CMIN/DF（卡方自由度比）为2.758，标准为<3.000，检验结果良好；RMSEA为0.054，小于1，检验结果很好；RFI为0.933、NFI为0.952、IFI为0.969、CFI为0.969、TLI值为0.957，以上指标均在0.9以上，可以判断模型的适配度良好。

二、结构方程模型估计结果

本书基于602份有效问卷调查样本，使用Amos 25.0软件，运用结构方程模型验证路径假设，结果如图8-1所示。

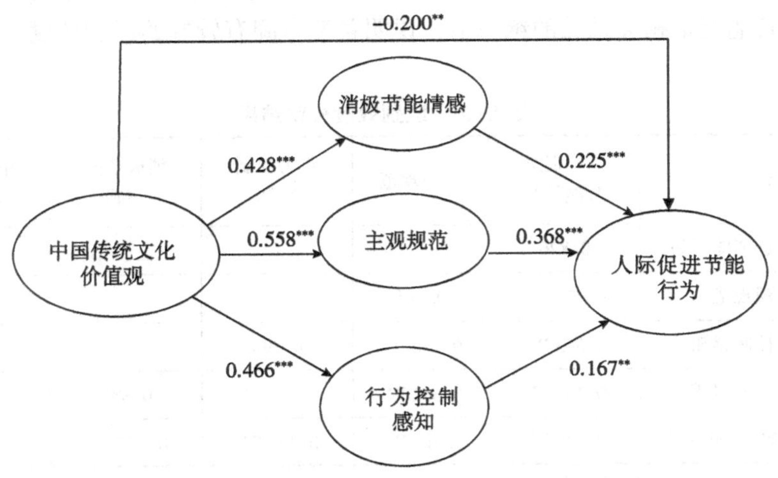

图8-1 模型路径估计结果

注：*代表 $p<0.05$；**代表 $p<0.01$；***代表 $p<0.001$。

由图 8-1 可以得到如下结论：

（1）中国传统文化价值观与消极节能情感的路径系数为 0.428，P<0.001，H2 成立，表明农村居民的中国传统文化价值观越浓厚，消极节能情感越强烈，这与王建明（2016）的研究结论一致。可能的解释是中国传统文化价值观为农村居民喜怒哀乐等情感的产生提供了稳定而持久的判断标准，影响农村居民节能情感的形成。中国传统文化存在一种“耻感文化”，农村居民为了得到群体认同，更容易对自身或者他人的不节能行为产生羞耻感。

（2）中国传统文化价值观与主观规范的路径系数为 0.558，P<0.001，H3 成立，表明农村居民受到中国传统文化价值观影响越深，农村居民的主观规范就越强。原因可能是中国传统文化价值观使得农村居民内在对于自我的规范有了相应的参照规则，受中国传统文化价值观影响越深的农村居民，内在对于自我的规范就越强，具有的主观规范就越强。

（3）中国传统文化价值观与行为控制感知的路径系数为 0.466，P<0.001，H4 成立，表明中国传统文化价值观对行为控制感知有正向作用。原因可能是中国传统文化价值观包含保护环境、与自然和谐相处等思想，使得农村居民对于环境保护所带来的益处以及认同感的认识加深，从而增强了农村居民实施环境行为的信心。

（4）消极节能情感与人际促进节能行为的路径系数为 0.225，P<0.001，H5 成立，表明消极节能情感越强烈，越有利于促进农村居民人际促进节能行为的实施，与王建明（2016）的研究结论一致。原因可能是农村居民对自己或他人不节能行为产生愧疚或厌恶等负面情感时，农村居民对人际促进节能行为由短暂、浅层的了解知晓提升到了持久、深刻的心灵触动，会出于补偿心理去弥补愧疚，也会规避实施自己厌恶的行为，主动向他人宣传和介绍节能行为。

（5）主观规范与人际促进节能行为的路径系数为 0.368，P<0.001，H6 成立，表明主观规范对农村居民人际促进节能行为有正向作用，与劳可夫和王露露（2015）的研究结论一致。原因在于主观规范是角色效应和参考人群效应的内部化，即农村居民感知到的周边压力和重要参考群体（如村干部等）的影响，能够有效促进农村居民人际促进节能行为的实施。

（6）行为控制感知与人际促进节能行为的路径系数为 0.167，P<0.01，H7 成立，表明行为控制感知对农村居民人际促进节能行为有正向作用。这可能是因为农村居民对于促进或者阻碍人际促进节能行为的相关因素的认知越清晰，农村居民越有可能落实人际促进节能行为。

三、中介效应检验结果

根据 Hayes 对中介效应的检验，采用 Bootstrap 置信区间法对消极节能情感、主观规范和行为控制感知的中介效应进行检验。在 Process3. 5 插件中，采用 Percentile 置信区间进行验证，在 95%的置信水平下，若置信区间不包含 0 则存在中介效应，反之则不存在中介效应。设定 Bootstrap 抽样 5000 次，中介效应的分析结果如表 8-4 所示。

表 8-4 中介效应检验结果

路径	效应	点估计值	系数相乘积		Bootstrapping Percentiles 95%CI	
			SE	Z 值	Lower	Upper
中国传统文化价值观→主观规范→人际促进节能行为	间接效应	0. 236	0. 040	5. 940	0. 162	0. 318
	直接效应	-0. 075	0. 063	-1. 192	-0. 197	0. 048
中国传统文化价值观→行为控制感知→人际促进节能行为	间接效应	0. 075	0. 027	2. 780	0. 026	0. 132
	直接效应	-0. 075	0. 063	-1. 192	-0. 197	0. 048
中国传统文化价值观→消极节能情感→人际促进节能行为	间接效应	0. 121	0. 027	4. 581	0. 074	0. 178
	直接效应	-0. 075	0. 063	-1. 192	-0. 197	0. 048

中介效应的检验结果显示，主观规范的间接效应点估计值的 Z 值为 5. 940，大于 1. 96，与此同时，在 95%置信水平下 Percentile Method 间接效应置信区间不包含零，表明主观规范在中国传统文化价值观与农村居民人际促进节能行为之间的中介效应显著。这说明中国传统文化价值观通过主观规范作用于农村居民人际促进节能行为。这可能是由于文化通过构建规范来对个体行为产生作用，我国属于高情境社会，农村居民具有较强的依存型自我构建，即农村居民属于外控型个体，对群体规范、群体压力敏感，有较强的主观规范，从而容易产生从众行为与模仿行为。因此在中国传统文化价值观的影响下，外控型农村居民更易感受到外部群体压力，从而产生人际促进节能行为。

行为控制感知的间接效应点估计值的 Z 值为 2. 780，大于 1. 96，与此同时，在 95%置信水平下 Percentile Method 间接效应置信区间不包含零，表明行为控制感知在中国传统文化价值观与农村居民人际促进节能行为之间的中介效应显著。农村居民深受中国传统文化价值观的影响，对于自我实施行为的信心加强，从而有助于农村居民人际促进节能行为的实施。这可能是由于受中国传统文化价值观影响越深的农村居民，对于实施节能行为的信心越强，越愿意将自己有信心的这种行为传播出去，因此有更大概率主动向他人宣传节能行为。

消极节能情感的间接效应点估计值的 Z 值为 4.581，大于 1.96，与此同时，在 95%置信水平下 Percentile Method 间接效应置信区间不包含零，表明消极节能情感在中国传统文化价值观与农村居民人际促进节能行为之间的中介效应显著。这说明中国传统文化价值观通过消极节能情感的作用影响农村居民人际促进节能行为。原因可能是中国传统文化中包含保护环境、顺应自然规律等，受传统文化影响越深的农村居民对于保护环境的认可程度越高，越容易激发起对自己不节能行为的愧疚感和对他人不节能行为的厌恶感，从而为了弥补愧疚和规避厌恶主动向他人宣传介绍节能行为。

为进一步探讨结构模型中各潜变量之间的直接效应、间接效应和总效应，本书将计算结果汇总于表 8-5。由表 8-5 可知，中国传统文化价值观通过消极情感、主观规范和行为控制感知的间接效应（0.379）大于中国传统文化价值观对农村居民人际促进节能行为的直接效应（-0.204），中国传统文化价值观对农村居民人际促进节能行为影响的总效应为正，影响效应值为 0.175。对农村居民人际促进节能行为影响效应最大的变量是主观规范（0.368），随后依次是消极节能情感（0.225）、行为控制感知（0.167）和中国传统文化价值观（0.175）。因此，培养和塑造中国传统文化价值观，对于农村居民实施人际促进节能行为至关重要。

表 8-5 潜变量之间的直接效应、间接效应和总效应

假设路径	直接效应	间接效应	总效应
H1：中国传统文化价值观→人际促进节能行为	-0.204	0.379	0.175
H2：中国传统文化价值观→消极节能情感	0.428	0	0.428
H3：中国传统文化价值观→主观规范	0.558	0	0.558
H4：中国传统文化价值观→行为控制感知	0.466	0	0.466
H5：消极节能情感→人际促进节能行为	0.225	0	0.225
H6：主观规范→人际促进节能行为	0.368	0	0.368
H7：行为控制感知→人际促进节能行为	0.167	0	0.167

第五节　研究结论与政策启示

本书采用江西省农村居民的调查数据，运用结构方程模型分析了中国传统文化价值观对农村居民人际促进节能行为的影响，研究得出以下结论：中国传统文化价值观不仅直接影响农村居民人际促进节能行为，而且还通过主观规范、行为控制感知、消极节能情感间接影响农村居民人际促进节能行为；农村居民人际促进节能行为影响效应最大的是主观规范（0.368），随后依次是消极节能情感（0.225）、行为控制感知（0.167）和中国传统文化价值观（0.175）。

基于上述分析，提出以下政策建议：①在宣传节能时结合情感的引导作用，使得农村居民将节能与环境保护、国家利益等相结合，提高节能行为在农村居民中的心理地位，从而激发农村居民节能情感，主动与他人进行节能相关的交流和推广。②对小部分已有节能意识的农村居民进行引导教育，发挥典型榜样的引导作用，让农村居民对节能形成一种群体认同感，使农村居民认为节能是一件益事，并且可以通过与他人交流节能相关行为获得尊重和认可。从而通过规范的作用来促进农村居民自发主动地与他人进行节能交流推广。③开展传统文化教育，发扬传统文化中与环境保护相关的观念，将环境保护、节能等相关概念与农村居民自身利益相结合，从价值观上引导农村居民进行节能。

第九章 农村居民节能意识与住宅节能投资行为的一致性研究

第一节 引言

随着农村居民收入水平的提高，农村居民对住宅的建筑面积和室内舒适度的要求越来越高，从而导致住宅建筑对能源的消耗大幅增加。2016 年中国建筑能源消费总量占全国能源消费总量的 20.62%，其中，农村居住建筑能耗占总建筑能耗的 23.76%（中国建筑能耗研究报告，2018）。根据发达国家经验，建筑能耗占全社会能源总消耗的比例将逐步增加到 40% 左右（仇保兴，2005）。由此可见，农村住宅节能对于推进我国节能减排工作至关重要。

个体的内在意识是行为的重要基础，但意识与行为并不具有天然一致性（王建明，2013）。为了引导农村居民住宅节能，2017 年住房和城乡建设部发布的《建筑节能与绿色建筑发展“十三五”规划》提出“从城镇扩展到农村”“逐步形成全民共建的建筑节能与绿色建筑发展的良性社会环境”。农村居民是农村住宅节能的决策者，节能意识是农村居民住宅节能的重要基础。农村居民住宅节能是一种环境行为，已有研究表明，环境意识与个体环境行为并不具有天然的一致性（王建明，2013）。课题组实地调研发现节能意识与农村居民住宅节能投资行为也存在着不一致的情况。因此，研究农村居民节能意识与住宅节能投资行为一致性的内在机理，可以为相关部门制定政策促进节能意识向住宅节能投资行为转化提供理论指导。

学界对住宅节能进行了广泛研究，得出了许多有价值的研究结论。现有研究主要集中在两个方面：一是研究了建筑节能政策。刘晓君和强国凤（2019）认为已有的建筑节能政策存在经济激励型政策工具的结构均衡性低，部分有效政策工具缺失或未充分利用，部分领域政策缺乏或政策工具结构失衡等问题。王莉（2015）指出公共建筑节能经济激励政策存在形式单一、缺乏层次、力度不够、配套措施不全等问题，提出了建立多方位的激励政策配套措施、创新公共建筑节能投融资政策等建议。二是分析居民购买绿色住宅的影响因素。杨晓冬和武永祥（2017）发现消费习惯和认知心理对绿色住宅购买决策有直接影响，其中消费习惯的影响最大。闻晓军和汪波（2012）研究表明，绿色住宅的产品特征、消费者的文化资本、生命周期对其绿色住宅消费选择意愿有影响。

现有文献从不同方面探讨了住宅节能，为本书提供了良好的研究基础，但仍存在可拓展的空间：一是已有居民住宅节能的研究主要聚焦于居民绿色住宅购买行为，而研究农村居民住宅节能投资行为的文献较少。二是已有居民住宅节能的研究虽然涉及节能意识，但是研究节能意识与居民住宅节能投资行为一致性发生机理的文献鲜见。为此，本书基于江西省农村居民的调查数据，研究农村居民节能意识与住宅节能投资行为存在差异的原因，为节能意识向住宅节能投资行为的转化清除障碍，从而促进农村生态文明建设。

第二节　研究假设

一、节能意识对农村居民住宅节能投资行为的直接影响

农村居民住宅节能投资行为是一种环境行为，根据现有环境行为研究，态度、情感、价值观等意识因素可能对农村居民住宅节能投资行为有影响。对于态度因素，计划行为理论认为个体态度通过行为意向间接影响个体行为。一些研究表明，环境态度直接影响个体环境行为（Zhao et al.，2014；Valkila and Saari，2013；Vringer et al.，2007；Gadenn et al.，2017）。Egmond（2005）发现积极的环境态度有利于家庭的节能投资。盛光华等（2019）研究表明态度对消费者绿色购买意愿有正向影响。

关于情感，人际行为理论认为个体的情感通过行为意愿影响个体行为。王建明（2015）认为环境情感会影响低碳消费行为。贺爱忠等（2013）研究发现，绿色情感对绿色行为有正向影响。Wang et al.（2013）发现生态情感会影

响生态意识购买行为。王建明和吴龙昌（2015）研究得出，积极绿色情感、消极绿色情感对绿色购买行为均有显著影响。

关于价值观，价值观—规范—信念理论认为价值观通过信念、规范影响个体行为。有研究表明，居民持有的环境价值观对其自身的环境行为有显著影响（Price et al.，2014），生态价值观导向越强，越容易做出实施环保行为的自我决定（Groot and Steg，2010）。环境价值观对居民环境行为的影响得到了大部分实证研究的证实（Goh et al.，2017；Price et al.，2014；Howell，2013）。Fornara et al.（2016）发现生态价值观有利于促进个体环境行为。滕玉华等（2017）指出生态价值观正向影响农户清洁能源购买行为。岳婷（2014）认为生态价值观对城市居民节能行为有直接影响。Price et al.（2014）认为环境价值观对居民环境行为有影响。

基于上述研究，本书假设节能态度、节能情感、生态价值观这 3 个节能意识维度对农村居民住宅节能投资行为有直接影响，提出如下相应的研究假设。

H1a：节能态度对农村居民住宅节能投资行为有正向影响。

H1b：节能情感对农村居民住宅节能投资行为有正向影响。

H1c：生态价值观对农村居民住宅节能投资行为有正向影响。

课题组通过对农村居民实地调研，发现农村居民节能意识主要包含节能态度、节能情感和生态价值观。已有环境意识与个体环境行为之间关系的研究表明，环境意识各维度的两两交互项对个体环境行为有直接影响。刘文兴等（2017）研究发现，生态消费意识包含生态认知、生态观念、生态情感 3 个维度，生态观念与生态情感的交互项、生态观念与生态认知的交互项、生态认知与生态情感的交互项均对农村生态消费行为有显著影响。王建明（2013）研究表明，资源节约意识两维度（资源问题感知和资源节约知识）间存在着交互效应。农村居民住宅节能投资行为是一种环境行为，农村居民节能意识有节能态度、节能情感和生态价值观 3 个维度，生态价值观对农村居民住宅节能投资行为的影响，也可能因节能情感的不同而存在差异。节能情感对住宅节能投资行为的影响可能会因为个体生态价值观的不同而存在差别。为此，本书提出如下假设。

H2：节能意识各维度间存在着两两交互作用。

二、情境变量对节能意识与农村居民住宅节能投资行为关系的调节影响

态度—情景—行为理论认为个体实施亲环境行为是环境态度和情景因素相互作用的结果（Guagnano，1995）。当情景因素极为有利或不利时，可能会促进或阻碍个体亲环境行为的实施，此时，环境态度对个体亲环境行为的影响几乎为零。已有研究表明，情境变量包括内部情境变量（如个体实施成本）和外部情境变量（如社会参照规范、制度技术情境）。王建明和王俊豪（2011）运用扎根理论研究发现，个体实施成本、社会参照规范和制度技术情境在低碳心理意识与低碳消费模式关系中起调节作用，其中个体实施成本（传统生活习惯、物质生活方式等）是内部情境变量，社会参照规范（面子文化、社会风气等）和制度技术情境（政府政策、政策执行力度等）是外部情境变量。为了引导农村居民节能，相继出台了一些政策，根据政策工具的不同，可以将节能政策划分为三类：自愿参与型节能政策、经济激励型节能政策和命令控制型节能政策。根据态度—情景—行为理论，节能习惯、面子观念、社会规范、政府政策、政策执行力度可能在节能意识与住宅节能投资行为关系中起调节作用。

为此，本书提出如下假设。

H3a：节能习惯对节能意识—住宅节能投资行为关系有调节作用。

H3b：面子观念对节能意识—住宅节能投资行为关系有调节作用。

H3c：社会规范对节能意识—住宅节能投资行为关系有调节作用。

H3d：政府政策（自愿参与型政策、经济激励型政策和命令控制型政策）对节能意识—住宅节能投资行为关系有调节作用。

H3e：政策执行力度对节能意识—住宅节能投资行为关系有调节作用。

第三节　研究设计

一、数据来源

本书所采用的数据均为课题组 2017 年 10 月至 2018 年 6 月在江西开展的入

户调查所得，以江西的农村居民作为研究对象，考察其日常间接节能行为情况。采用分层抽样确定样本后，依据随机抽样原则选取样本农村居民，调查人员采取面对面访谈的方式进行问卷调查。共调查 650 个农村居民，删除无效问卷、关键变量缺失等问卷后，最终得到有效样本 602 个。

二、变量设置

环境意识的结构维度总体上包含环境态度（Jagodic et al.，2016；Laroche et al.，2001）、环境情感（Lacasse，2016；Stern et al.，1999）、环境价值观（Larson et al.，2015；Lacasse，2016）等，借鉴已有环境意识研究成果并结合研究目的，本书认为农村居民节能意识由节能态度、节能情感和生态价值观构成。农村居民节能意识参考了岳婷（2014）、王建明（2015）和 Stern et al.（1999）的研究，结合农村居民的调查自行开发了 9 个条目的量表。住宅节能投资行为的测量参考了芈凌云等（2016）的研究，包含 3 个题项。节能知识的测量参考 Schahn and Holzer（1990）、Sia et al.（1986）、Frick et al.（2004）的研究，设计 6 个条目，删除了 4 个题项。节能习惯的测量参考 Donald et al.（2014）、Geng et al.（2017）的研究，结合概念设计 7 个条目，删除了 3 个条目，保留了 4 个题项。面子观念参考王建明（2013）的研究设计了 3 个条目的量表。社会规范参考了 Ajzen et al.（1991）的研究，设计了 3 个条目的量表。环境问题感知参考 Hunecke et al.（2001）的研究，设计了 3 个条目的量表。自愿参与型政策、经济激励型政策、命令控制型政策和政策执行力度参考了芈凌云（2011）、岳婷（2014）的研究。各潜变量均采用李克特 7 分量表测量变量，其中“1”代表完全不同意，“7”代表完全同意。测量变量的描述性统计如表 9-1 所示。

表 9-1　调查问卷各测度变量的描述性统计分析结果

潜变量	代码	测量题项	平均值	标准差
住宅投资节能行为（ZZ）	ZZ1	住宅装修或装饰时，我购买的是节能环保型材料	5.233	1.545
	ZZ2	我会在住宅节能上主动投资	4.610	1.626
	ZZ3	在做新房时我会考虑住宅的节能设计（如自然采光、通风等）	5.887	1.332

续表

潜变量	代码	测量题项	平均值	标准差
节能态度（TD）	TD1	我觉得应该尽量节能	6.374	0.847
	TD2	我觉得节能是明智的选择	6.291	0.943
	TD3	我赞成使用节能产品	6.339	0.911
节能情感（QG）	QG1	看到别人节约能源，我会很赞许	5.698	1.224
	QG2	看到别人节约能源，我会很欣赏	5.723	1.174
	QG3	如果我节约了能源，我会感到很自豪	5.420	1.338
生态价值观（ST）	ST1	保护环境	5.797	1.108
	ST2	防止污染	5.842	1.120
	ST3	与自然和谐相处	5.975	1.115
节能知识（ZS）	ZS1	电器设备待机时的耗电量，一般为其开机耗电量的10%左右	4.561	1.392
	ZS2	盛夏，空调温度最好设定室内与室外温差为4~5摄氏度，也就是27~28摄氏度，这样节电	5.100	1.582
节能习惯（XG）	XG1	节能是我日常生活的一部分	5.143	1.433
	XG2	我节能是不需要思考的事情	4.944	1.612
	XG3	节能已经成为我的习惯	5.347	1.440
	XG4	购买节能型家电是我的习惯	4.939	1.433
面子观念（MZ）	MZ1	相对而言，我在日常生活中比较注重面子	4.213	1.595
	MZ2	面子上好看是我最常考虑的事情	3.615	1.608
	MZ3	我常出于维护面子而调整或改变自身行为	3.681	1.666
社会规范（GF）	GF1	为了满足家人及亲朋好友的期望，我会选择购买节能产品	5.125	1.376
	GF2	购买节能产品会提升我在亲朋好友心中的地位	3.915	1.536
	GF3	购买节能产品会被其他人尊重	3.978	1.581
政策执行力度（ZC）	ZC1	我认为节能政策宣传力度很大	4.181	1.597
	ZC2	我认为节能政策执行到位	4.005	1.553
	ZC3	我认为节能产品补贴政策力度很大	4.154	1.513

续表

潜变量	代码	测量题项	平均值	标准差
自愿参与型政策（CY）	CY1	媒体中的节能产品或节能介绍会使我更关注节能	5.477	1.307
	CY2	节能标识会促使我购买节能产品	5.370	1.323
	CY3	节能教育和节能宣传有助于我节能	5.688	1.185
经济激励型政策（JL）	JL1	如政府对节能产品进行补贴，我更愿意购买节能产品（如家电、太阳能热水器等）	6.264	0.931
	JL2	如果对节能行为进行相关奖励的话，我会更积极去节能	6.317	0.986
	JL3	如果政府提高电价，我会减少电器的使用时间	5.884	1.278
命令控制型政策（ML）	ML1	如果政府相关规章制度要求必须节能，那我肯定会照办	5.872	1.197
	ML2	如果政府规定使用一些节能环保的材料（如节能灯、节能建材、节能家电等），我会使用	6.070	1.046

三、结果与分析

（一）共同方法偏误检验

本书采用 Harman 单因素检验法对同源方差程度进行检验。借助 Stata14.0 软件，对变量的所有题项进行探索性因子分析，结果表明，第一因子解释各变量变异的 25.78%，远小于 40%，说明本书数据不存在严重的共同方法偏误问题。

（二）信度检验

采用内部一致性系数（Cronbach's α 值）和组合信度测度各潜变量的内部一致性，利用 Spss 19.0 软件进行信度分析，各潜变量的信度检验结果如表 9-2 所示。从表 9-2 可知，各潜变量的 Cronbach's α 值系数均大于 0.67，CR 值均大于 0.8，这表明量表的内部一致性较好，所使用调查问卷有较高可信度。

表 9-2　信度和效度检验结果

潜变量	代码	α 值	CR	AVE	标准化因子载荷	KMO 值
住宅节能投资行为（ZZ）	ZZ1	0.672	0.820	0.604	0.823	0.641
	ZZ2				0.792	
	ZZ3				0.713	
节能态度（TD）	TD1	0.868	0.920	0.794	0.897	0.739
	TD2				0.892	
	TD3				0.884	
节能情感（QG）	QG1	0.863	0.920	0.793	0.930	0.680
	QG2				0.927	
	QG3				0.810	
生态价值观（ST）	ST1	0.905	0.941	0.841	0.924	0.739
	ST2				0.935	
	ST3				0.891	
节能知识（ZS）	ZS1	0.885	0.802	0.669	0.818	0.500
	ZS2				0.818	
节能习惯（XG）	XG1	0.838	0.893	0.676	0.833	0.770
	XG2				0.817	
	XG3				0.862	
	XG4				0.775	
面子观念（MZ）	MZ1	0.869	0.920	0.792	0.878	0.737
	MZ2				0.902	
	MZ3				0.890	
社会规范（GF）	GF1	0.791	0.878	0.707	0.719	0.619
	GF2				0.914	
	GF3				0.876	

续表

潜变量	代码	α 值	CR	AVE	标准化因子载荷	KMO 值
政策执行力度（ZC）	ZC1	0.889	0.931	0.819	0.890	0.721
	ZC2				0.934	
	ZC3				0.890	
自愿参与型政策（CY）	CY1	0.788	0.877	0.704	0.866	0.698
	CY2				0.820	
	CY3				0.830	
经济激励型政策（JL）	JL1	0.708	0.847	0.650	0.819	0.642
	JL2				0.864	
	JL3				0.729	
命令控制型政策（ML）	ML1	0.761	0.895	0.810	0.900	0.500
	ML2				0.900	

（三）效度检验

本部分借助 Spss 19.0 和 Amos20.0 软件，采用因子载荷、平均方差抽取量（AVE）和组合信度（CR）检验收敛效度，检验结果如表 9-2 所示。从表 9-2 可见，各潜变量 KMO 值均大于 0.5，说明研究量表适合进行因子分析。各变量的标准化因子载荷值标准应该大于 0.5，AVE 值应大于 0.5 和组合信度（CR）值应在 0.6 以上，本部分各变量的标准化因子载荷值均大于 0.7，各因子（潜变量）的平均抽取方差（AVE）都大于 0.6，说明各潜变量的收敛效度较好，模型内在质量理想。

采用 AVE 值来检验区别效度，若各变量 AVE 值的平方根均大于它与其他变量间相关系数的绝对值，则认为变量间具有良好的区别效度。区别效度分析结果如表 9-3 所示。表 9-3 中各潜变量的 AVE 平方根均明显高于它与其他变量相关系数的绝对值，表明各变量间的区别效度较好。

表 9-3　区别效度检验结果

变量	ZZ	TD	QG	ST	ZS	XG	MZ	GF	ZC	CY	JL	ML
ZZ	0. 777											
TD	0. 323***	0. 891										
QG	0. 233***	0. 485***	0. 891									
ST	0. 299***	0. 504***	0. 563***	0. 917								
ZS	0. 231***	0. 213***	0. 269***	0. 189***	0. 818							
XG	0. 425***	0. 428***	0. 351***	0. 387***	0. 268***	0. 822						
MZ	−0. 105***	−0. 106***	−0. 124***	−0. 176***	0. 009	−0. 021	0. 89					
GF	0. 130***	0. 184***	0. 360***	0. 232***	0. 275***	0. 192***	0. 196***	0. 841				
ZC	0. 268***	0. 220***	0. 228***	0. 282***	0. 250***	0. 411***	0. 022	0. 305***	0. 905			
CY	0. 363***	0. 462***	0. 374***	0. 364***	0. 309***	0. 387***	−0. 018	0. 321***	0. 359***	0. 839		
JL	0. 183***	0. 401***	0. 197***	0. 136***	0. 178***	0. 270***	0. 049	0. 081**	0. 135***	0. 450***	0. 806	
ML	0. 292***	0. 354***	0. 241***	0. 197***	0. 158***	0. 320***	−0. 026	0. 201***	0. 227***	0. 408***	0. 547***	0. 9

注：*、**、*** 分别表示 10%、5%、1%的显著水平。

第四节　实证结果分析

一、节能意识对农村居民住宅节能投资行为的影响分析

为了考察节能意识对农村居民住宅节能投资行为的影响，构建研究模型（9-1）：

$$Y = \alpha_0 + \sum_{i=1}^{3} \alpha_i X_i + \sum_{i=1}^{3} \sum_{j=1}^{3} \beta_j X_i X_j + \varepsilon \ (i \neq j) \tag{9-1}$$

模型（9-1）中，X_iX_j 表示节能意识三个维度间的交互项，α_0 表示常数项，α_i 和 β_j 分别表示自变量及交互项的系数，ε 表示误差项。在回归模型中，首先，不考虑交互效应，仅探讨节能意识各维度的主效应（模型一）。其次，分析节能意识各维度之间的相互关系和交互作用（模型二）。在回归分析前，先对所有变量进行了中心化处理，估计结果如表 9-4 所示。

在表 9-4 中，从模型一的估计结果可知，节能态度、生态价值观对农村居民住宅节能投资行为均有正向影响，并且节能态度对住宅节能投资行为的影响大于生态价值观对住宅节能投资行为的影响，但节能情感对住宅节能投资行为没有显著影响。

模型二的估计结果显示，生态价值观与节能情感之间存在显著的正向交互作用，其他变量间的交互作用不显著。生态价值观与节能情感的交互作用斜率如图 9-1（a）和图 9-1（b）所示。对于高节能情感的农村居民来说，生态价值观与住宅节能投资行为之间的正向作用较强，增强他们的节能情感可以有效促进其进行住宅节能投资；而对于低节能情感的农村居民来说，生态价值观与住宅节能投资行为之间的正向作用较弱。该研究结果的政策启示是，激发农村居民的节能情感共鸣与强化生态价值观有机结合起来，会比单独使用节能情感或生态价值观策略更为有效。

表 9-4 节能意识对农村居民住宅节能投资行为影响的估计结果

变量	模型一	模型二
节能态度（TD）	0.323*** (4.81)	0.276*** (3.33)
节能情感（QG）	0.027 (0.52)	0.062 (1.14)
生态价值观（ST）	0.196*** (3.50)	0.242*** (4.07)
生态价值观 * 节能情感		0.078** (2.22)
生态价值观 * 节能态度		0.019 (0.31)
节能情感 * 节能态度		-0.049 (-0.85)
N	602	602
R^2	0.127	0.135
p	0.000	0.000

注：*、**、*** 分别表示在 10%、5%、1%的水平下显著。

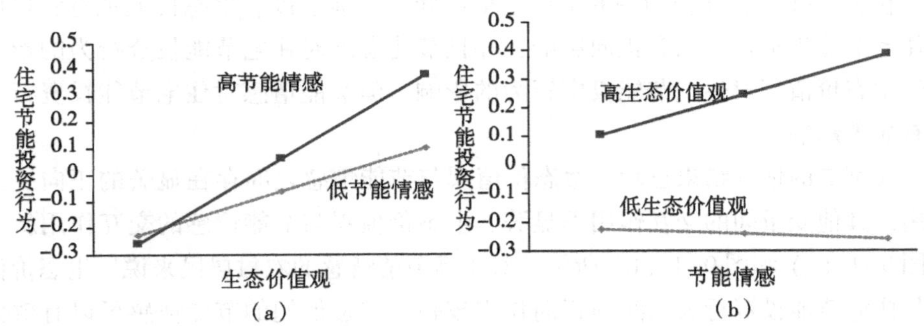

图 9-1 生态价值观与节能情感的交互效应

二、情景因素的调节效应分析

为了验证情景因素（节能知识、节能习惯、面子观念、社会规范、政策执行力度及政府政策）的调节作用，构建出以下研究模型：

$$Y = \alpha_0 + \sum_{i=1}^{3} \alpha_i X_i + \sum_{i=1}^{3} \sum_{j=1}^{3} \beta_j X_i M_j + \varepsilon(i \neq j) \tag{9-2}$$

模型（9-2）中，M_j 表示相应的情境变量，交互项 $X_i M_j$ 表示变量 M_j 在 X_i 与 Y 之间关系的调节效应。采用层次回归方法检验情景因素的调节效应。首先，只将节能意识三个维度纳入模型（模型一），分析其主效应。其次，将特定情境变量、节能意识三个维度纳入模型（模型二），分析其主效应。最后，将特定情境变量、节能意识三个维度、特定情境变量与节能意识三个维度的交互项纳入模型（模型三），分析特定情境变量的调节效应。在对所有变量进行中心化处理后，进行层次回归分析，节能知识、节能习惯、面子观念调节效应的估计结果如表 9-5 所示。

表 9-5　节能知识、节能习惯、面子观念的调节效应分析

变量	节能知识			节能习惯			面子观念		
	模型一	模型二	模型三	模型一	模型二	模型三	模型一	模型二	模型三
TD	0.323***	0.299***	0.298***	0.323***	0.190***	0.121*	0.323***	0.322***	0.319***
	(4.81)	(4.49)	(3.95)	(4.81)	(2.86)	(1.67)	(4.81)	(4.80)	(4.74)
QG	0.027	-0.010	0.010	0.027	-0.014	-0.019	0.027	0.025	0.042
	(0.52)	(-0.19)	(0.19)	(0.52)	(-0.28)	(-0.40)	(0.52)	(0.49)	(0.81)
ST	0.196***	0.193***	0.191***	0.196***	0.129**	0.143***	0.196***	0.187***	0.177***
	(3.50)	(3.50)	(3.38)	(3.50)	(2.39)	(2.64)	(3.50)	(3.33)	(3.13)
Mi		0.154***	0.150***		0.315***	0.314***		-0.040	-0.033
		(4.06)	(3.88)		(7.89)	(7.71)		(-1.28)	(-1.04)
ST * Mi			0.006			0.030			0.091**
			(0.12)			(0.69)			(2.30)
QG * Mi			0.045			-0.057			-0.067**
			(1.17)			(-1.39)			(-2.00)
TD * Mi			0.008			-0.087			-0.071
			(0.12)			(-1.64)			(-1.50)
N	602	602	602	602	602	602	602	602	602
R^2	0.127	0.151	0.155	0.127	0.210	0.221	0.127	0.130	0.143
p	0.000	0.000	0.000	0.000	0.000	0.000	0.000	0.000	0.000

注：*、**、*** 分别表示在 10%、5%、1%的水平下显著。

从节能知识和节能习惯调节作用模型的估计结果可知，节能知识对农村居民住宅节能投资行为有正向影响，说明农村居民掌握的节能知识越多，越会进行住宅节能投资。节能习惯对农村居民住宅节能投资行为有正向影响，说明有节能习惯的农村居民实施住宅节能投资行为的可能性更大。节能知识、节能习惯对节能意识—住宅节能投资行为之间关系均没有调节效应。

在面子观念的调节作用中，面子观念对农村居民住宅节能投资行为没有显著影响，但面子观念正向调节生态价值观—住宅节能投资行为之间关系，说明面子观念能够强化生态价值观对住宅节能投资行为的正向影响，如图 9-2（a）所示。而面子观念对于节能情感—住宅节能投资行为之间关系存在负向调节作用，说明面子观念会削弱节能情感对住宅节能投资行为的正向影响，如图 9-2（b）所示。对于面子观念强的农村居民来说，节能情感与住宅节能投资行为之间的正向作用较弱；而对于面子观念弱的农村居民来说，节能情感与住宅节能投资行为之间的正向作用较强。

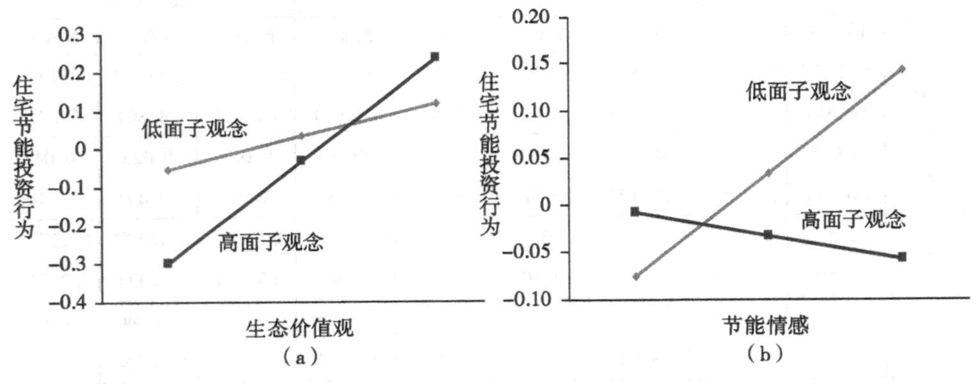

图 9-2　面子观念的调节效应

社会规范、政策执行力度调节效应的估计结果如表 9-6 所示。在社会规范的调节作用中，社会规范对农村居民住宅节能投资行为没有显著影响。社会规范正向调节生态价值观—住宅节能投资行为之间关系，说明社会规范能够强化生态价值观对住宅节能投资行为的正向影响，如图 9-3（a）所示。高社会规范情境下，生态价值观对住宅节能投资行为的正向影响增强；低社会规范情境下，生态价值观对住宅节能投资行为的正向影响减弱。这一结果的政策启示是，政策制定者引导高社会规范的农村居民树立生态价值观尤为重要。而社会规范对节能态度—住宅节能投资行为之间关系存在显著的负向调节作用，说明社会规范削弱节能态度对住宅节能投资行为的正向影响，即社会规范削弱了农村居民的节能态度，进而阻碍其实施住宅节能投资行为，如图 9-3（b）所示。低社会规范情境下，节能态度对住宅节能投资行为的正向影响增强；高社会规范情境下，节能态度对住宅节能投资行为的正向影响减弱。

表 9-6　社会规范、节能政策执行力度的调节效应分析

变量	社会规范			节能政策执行力度		
	模型一	模型二	模型三	模型一	模型二	模型三
TD	0.323*** (4.81)	0.323*** (4.81)	0.243*** (3.35)	0.323*** (4.81)	0.301*** (4.54)	0.237*** (3.34)
QG	0.027 (0.52)	0.008 (0.14)	0.059 (1.06)	0.027 (0.52)	0.011 (0.22)	0.013 (0.26)
ST	0.196*** (3.50)	0.194*** (3.47)	0.241*** (4.15)	0.196*** (3.50)	0.156*** (2.80)	0.186*** (3.22)
Mi		0.048 (1.26)	0.033 (0.86)		0.151*** (4.60)	0.161*** (4.76)
ST * Mi			0.104** (2.30)			0.027 (0.69)
QG * Mi			0.057 (1.46)			0.032 (0.89)
TD * Mi			-0.090* (-1.75)			-0.136** (-2.57)
N	602	602	602	602	602	602
R^2	0.127	0.130	0.149	0.127	0.157	0.167
p	0.000	0.000	0.000	0.000	0.000	0.000

注：*、**、*** 分别表示在 10%、5%、1%的水平下显著。

在节能政策执行力度的调节作用中，节能政策执行力度对农村居民住宅节能投资行为有显著正向影响，表明加大节能政策执行力度有助于促进农村居民实施住宅节能投资行为。节能政策执行力度在节能态度—住宅节能投资行为之间的关系中有显著的正向调节效应，说明节能政策执行力度会强化节能态度对住宅节能投资行为的正向影响，如图 9-4 所示。原因可能是，农村居民住宅节能投资行为是一种亲环境行为，具有利他性。个体的利他行为通常会受到内部和外部动机的共同影响（Frey and Jegen，2002）。而农村居民积极的节能态度来源于多重动机（如省钱、保护环境等），当农村居民积极节能态度源自保护环境的动机时，加大节能政策执行力度可能会混淆农村居民进行住宅投资节能行为的内部归因，即农村居民更多地将自己的利他行为归因于外部因素的激励，而非内在环保动机的驱动，这会削弱农村居民内在的节能环保动机，农村居民的节能态度也会随之减弱，从而对住宅投资节能行为产生不利影响。

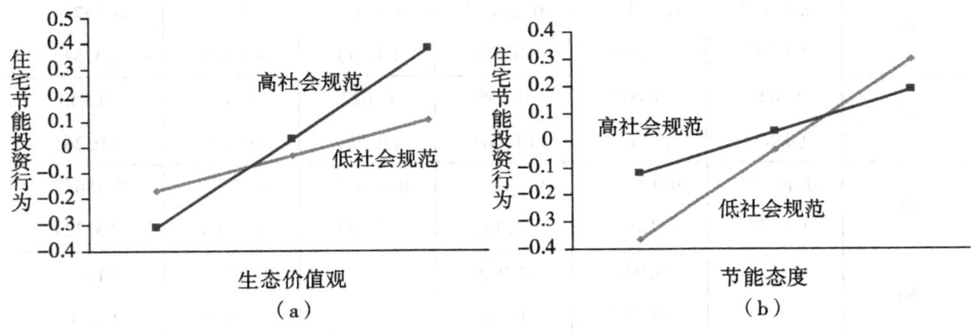

图 9-3　社会规范的调节效应

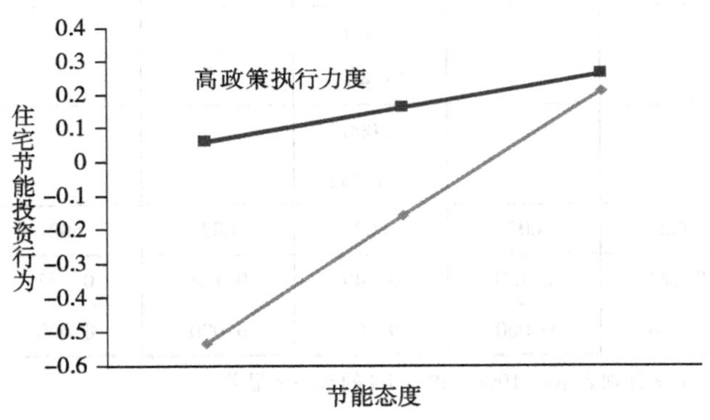

图 9-4　政策执行力度的调节效应

不同类型节能政策工具（自愿参与型节能政策、经济激励型节能政策、命令控制型节能政策）调节效应的估计结果如表 9-7 所示。

表 9-7　不同类型政策工具的调节效应分析

变量	自愿参与型节能政策			经济激励型节能政策			命令控制型节能政策		
	模型一	模型二	模型三	模型一	模型二	模型三	模型一	模型二	模型三
TD	0.323***	0.200***	0.207***	0.323***	0.279***	0.270***	0.323***	0.233***	0.268***
	(4.81)	(2.92)	(2.61)	(4.81)	(3.89)	(3.58)	(4.81)	(3.40)	(3.79)
QG	0.027	-0.013	-0.021	0.027	0.023	0.035	0.027	0.006	-0.004
	(0.52)	(-0.26)	(-0.41)	(0.52)	(0.46)	(0.68)	(0.52)	(0.12)	(-0.08)
ST	0.196***	0.163***	0.173***	0.196***	0.206***	0.233***	0.196***	0.201***	0.211***
	(3.50)	(2.98)	(3.02)	(3.50)	(3.66)	(4.14)	(3.50)	(3.65)	(3.83)
Mi	-	0.276***	0.269***	-	0.098*	0.120**	-	0.228***	0.227***
	-	(5.85)	(5.63)	-	(1.72)	(2.11)	-	(4.89)	(4.86)
ST * Mi	-	-	0.036	-	-	0.124**	-	-	0.069
	-	-	(0.74)	-	-	(2.01)	-	-	(1.32)
QG * Mi	-	-	-0.070	-	-	-0.226***	-	-	-0.060
	-	-	(-1.45)	-	-	(-3.59)	-	-	(-1.18)
TD * Mi	-	-	0.029	-	-	0.114	-	-	0.088
	-	-	(0.48)	-	-	(1.52)	-	-	(1.41)
N	602	602	602	602	602	602	602	602	602
R^2	0.127	0.175	0.178	0.127	0.132	0.153	0.127	0.161	0.169
p	0.000	0.000	0.000	0.000	0.000	0.000	0.000	0.000	0.000

注：*、**、***分别表示在10%、5%、1%的水平下显著。

在自愿参与型节能政策的调节作用中，自愿参与型节能政策对农村居民住宅节能投资行为有显著正向影响，说明自愿参与型节能政策有助于促进农村居民进行住宅节能投资。自愿参与型节能政策对节能意识三个维度与住宅节能投资行为之间的关系没有调节作用。

在经济激励型节能政策的调节作用中，经济激励型节能政策对农村居民住宅节能投资行为有正向影响，且经济激励型节能政策正向调节生态价值观—住宅节能投资行为之间关系，说明经济激励型节能政策不仅可以促进农村居民实施住宅节能投资行为，而且还能够增强生态价值观对住宅节能投资行为的正向影响，如图 9-5（a）所示。加大经济激励型节能政策力度时，生态价值观对住宅节能投资行为的正向影响增强；降低经济激励型节能政策力度时，生态价值观对住宅节能投资行为的正向影响减弱。经济激励型节能政策对节能情感—住宅节能投资行为之间关系存在显著的负向调节作用，说明经济激励型节能政策会弱化节能情感对住宅节能投资行为的正向影响，如图 9-5（b）所示。原因可能在于：农村居民住宅节能投资行为是一种具有利他性的环境行为。个体的利他行为一般会受到内部和外部动机的共同影响（Frey and Jegen，2002），内、外部动机并不是互相独立的，外部激励可能会“挤出”个体从事利他行为的内在动机（Bowles and Polania-Reyes，2012）。农村居民节能情感源于环保动机，而经济激励策略可能“挤出”这类动机：一方面，外部经济激励可能会强化农村居民对自身住宅节能投资行为的外部归因，使他们更相信进行住宅节能投资并非源于自己的节能情感。另一方面，个体的行为动机会受到所属群体中其他成员的影响（Farrow et al.，2017），当农村居民观察到其所处的其他群体成员的节能行为受到物质奖励时，他们会认为所在群体的社会规范更多指向自利而非环保，这会减弱农村居民的节能情感。在农村居民节能情感被削弱后，他们实施住宅节能行为的程度也会随之下降。

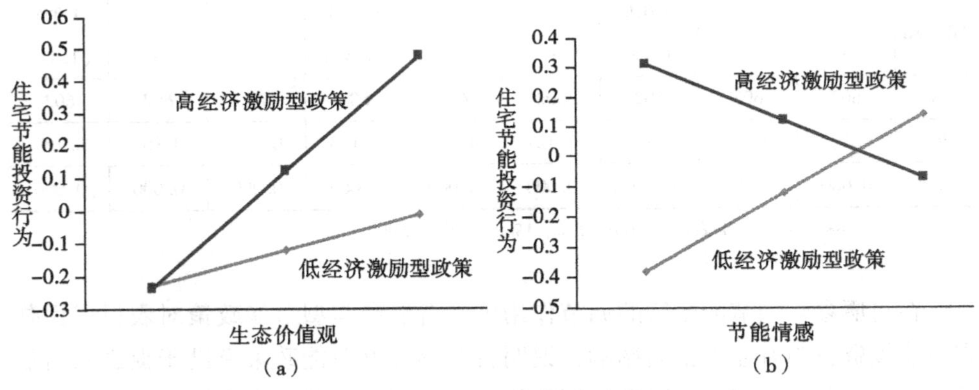

图 9-5　经济激励型节能政策的调节效应

在命令控制型节能政策的调节作用中，命令控制型节能政策对农村居民住宅节能投资行为有显著正向影响，说明命令控制型节能政策可以促进农村居民进行住宅节能投资。但命令控制型节能政策对节能意识三个维度与住宅节能投资行为之间关系没有调节作用。

第五节　研究结论与政策启示

基于江西省农村居民的实地调查数据，运用回归分析方法研究节能意识与农村居民住宅节能投资行为一致性的影响因素，研究发现：①节能意识三个维度对农村居民住宅节能投资行为的影响存在差异，即节能态度、生态价值观对农村居民住宅节能投资行为均有显著正向影响，而节能情感对农村居民住宅节能投资行为没有显著影响。节能意识三个因子的交互效应研究分析表明，引入交互项后，节能态度、生态价值观对住宅节能投资行为的影响仍然显著，且生态价值观与节能情感的交互项对农村居民住宅节能投资行为有显著正向影响。②调节效应检验发现，面子观念、社会规范、节能政策执行力度以及经济激励型节能政策在节能意识到住宅节能投资行为的转化过程中起着促进或阻碍作用，是导致节能意识与住宅节能投资行为不一致发生的外部因素，其中，社会规范、节能政策执行力度负向调节节能态度—住宅节能投资行为之间关系，即节能政策认知、社会规范、节能政策执行力度会弱化节能态度对住宅节能投资行为的正向影响。面子观念、社会规范、经济激励型节能政策正向调节生态价值观—住宅节能投资行为之间关系，即社会规范、经济激励型节能政策能够强化生态价值观对住宅节能投资行为的正向影响。面子观念、经济激励型节能政策负向调节节能情感—住宅节能投资行为之间关系，面子观念、经济激励型节能政策会弱化节能情感对住宅节能投资行为的正向影响。

基于以上结论，提出以下建议：①政府通过各种形式的宣传教育，引导农村居民树立生态价值观，与此同时，还通过沟通提高农村居民的情感调控能力，促使他们产生积极的节能情感，将激发生态情感和强化生态价值观有机结合起来，才能够更好地促使农村居民对住宅进行节能投资。②政府要加强节能对于保护环境重要性的宣传教育，增强农村居民的环保意识，强化农村居民节能的环保动机，营造良好的政策环境。③政府在制定和改进节能政策的过程中，需要注意采用经济激励政策引导农村居民实施住宅节能投资上存在的局限性，即外部奖励在增强农村居民自利意识的同时，也会削弱其内在的环保动机，从而阻碍其实施节能行为。④政府要通过各种形式的宣传教育，引导农村居民淡化虚面子（如炫耀性消费、人情往来等），追求实面子（如成就、为保护环境做贡献等），从面子观念上唤起农村居民的节能情感，以促进农村居民实施住宅节能投资。

第十章　节能意识与农村居民日常间接节能行为的一致性研究

第一节　引言

居民是生活用能的主体，随着农村居民生活水平的提高，我国农村居民生活能源消耗总量不断增加。2007~2017 年我国农村居民人均生活用能量年均增长 8.4%，而同期城镇居民人均生活用能平均增长 2.4%。2017 年农村居民人均生活用能量首次超过城镇以及全国的人均生活用能量。可见，我国居民生活能源需求增长的主要来源是农村居民。居民的能源使用行为不仅包括直接能源使用（如使用燃料、燃气、电等），也包括通过其他途径间接使用能源（消费品和服务的生产、运输和处置过程中的能源消费量）（Vringer and Blok，1995）。已有研究发现农村居民日常生活消费的间接能耗量远高于其日常生活的直接能耗量（李艳梅等，2008）。因此，引导我国农村居民日常间接节能对于我国生态文明建设尤为重要。

意识是行为的内驱因子，而意识与行为并不具有天然一致性（王建明，2013）。为了引导农村居民生活节能，国家相继出台了一系列激励居民节能的政策措施。如：2007 年的“节能减排全民行动实施方案”、2009 年的“节能产品惠民工程”、2014 年的“居民阶梯电价”等。课题组实地调研发现，在这些节能政策引导下，农村居民的节能意识明显增强。有很大一部分农村居民有节能意识但没有实施日常间接节能行为。那么，为什么会出现节能意识与日常间接节能行为不一致的现象？有哪些因素阻碍了节能意识转化为日常间接节能行为？这些问题的回答对于完善我国农村节能政策有重要意义。

现有学者对环境意识与环境行为的关系进行了研究，但研究结论存在分歧。有学者认为环境意识对环境行为无影响（陆莹莹等，2009），但也有学者发现虽然环境意识对个体环境行为有影响（薛彩霞等，2019），但两者并非完全一致。王建明（2103）认为社会压力、物质主义观念、中国文化背景在资源节约意识与节约行为关系中起调节作用。薛彩霞等（2019）发现实施成本、社会规范因素在环境意识与农户废物亲环境处理行为关系中起调节作用。Jonhasson（1993）研究发现机会因素等在环境意识转化到行为的过程中具有调节作用。

综上所述，国内外学者对环境意识、环境行为等进行了大量研究，取得了丰硕的成果，但仍存在以下不足：①已有居民节能行为的研究，主要关注城市居民日常生活直接节能，研究居民日常间接节能的较少，研究农村居民间接节能行为的更是少见。②现有文献主要集中在研究节能意识各维度对城市居民节能行为的影响效果，较少关注节能意识与居民节能行为一致性的影响因素。为此，本书采用江西省农村居民的调查数据，研究节能意识与农村居民日常间接节能行为一致性的影响因素，揭示节能意识与农村居民日常间接节能行为一致性的内在机理。

第二节 研究假设

一、节能意识对农村居民日常间接节能行为的直接影响

农村居民日常间接节能行为是指农村居民在日常生活中，选择购买更为绿色的易耗品，即在产品的整个生产、运输过程中能源消耗较少的产品。环境意识包含环境态度（Hines et al.，1987；Laroche et al.，2001）、环境情感（Lacasse，2016；Stern et al.，1999）、环境价值观（Larson et al.，2015；Nordlund and Garvill，2002）等因素。根据课题组对农村居民的深度访谈，发现农村居民节能意识主要包含节能态度、节能情感和生态价值观。计划行为理论认为个体行为直接取决于其行为意向，个人态度是影响行为意向的一个重要因素。人际行为理论认为个体的情感对个体行为产生影响。价值观—规范—信念理论认为价值观通过信念、规范影响个体行为。根据计划行为理论、人际行为理论和价值观—规范—信念理论，态度、情感和价值观会影响个体行为。已有环境行为的研究表明，环境意识（环境态度、环境情感和环境价值观等）对个体环

境行为有直接影响。如：王建明（2013）发现资源节约意识两维度（资源节约情感和资源节约知识）对资源节约行为有正向影响。薛彩霞等（2019）认为环境意识的三个维度（环境态度、情感与责任）对农户废弃物亲环境处理行为有直接影响。周志方等（2019）研究表明低碳意识对企业低碳行为有正向影响。刘文兴等（2017）指出生态消费三个维度（生态认知、生态观念和生态情感）对农村居民生态消费行为有直接影响。农村居民日常间接节能行为是一种环境行为，本书认为节能意识的三个维度（节能态度、节能情感和生态价值观）可能会直接影响农村居民日常间接节能行为。为此，本书提出如下假设。

H1：节能意识对农村居民日常间接节能行为有直接影响。

H1a：节能态度对农村居民日常间接节能行为有直接影响。

H1b：节能情感对农村居民日常间接节能行为有直接影响。

H1c：生态价值观对农村居民日常间接节能行为有直接影响。

由于影响个体行为的各个因素并不一定独立发挥作用，一个因素变化可能引起其他因素变化，同时也可能被其他因素影响，个体行为是这些因素交互作用的结果（王建明，2013）。已有研究表明，环境意识各维度的两两交互项对个体环境行为有直接影响。薛彩霞等（2019）发现环境意识两个维度环境责任与知识的交互项直接影响茶农废弃物亲环境处理行为。刘文兴等（2017）认为生态消费三个维度（生态认知、生态观念和生态情感）的两两交互项对农村居民生态消费行为均有直接影响。农村居民节能意识有节能态度、节能情感和生态价值观三个维度，生态价值观对农村居民日常间接节能行为的影响，也可能因节能情感的不同而存在差异。节能情感对日常间接节能行为的影响可能会因为个体生态价值观的不同而存在差别。节能意识各维度间可能存在两两交互作用。为此，本书提出如下假设。

H2：节能意识各维度间存在着两两交互作用。

二、情境变量对节能意识与农村居民日常间接节能行为关系的调节影响

动机—机会—能力理论认为态度与个体行为之间的一致性只能在完全由意志控制的条件下得以实现，能力（习惯、任务知识）、机会（情景状况）在意向与行为关系中起调节作用（Ölander and Thøgersen，1995）。机会是个体所感知到的有利于其行为发生的外部客观环境（陈则谦，2013）。一些研究也证实

习惯、知识和情景在意识与个体行为关系中的调节作用。如：姜维军等（2020）认为生产习惯、生态知识对农户秸秆还田意愿与行为之间的关系有显著的调节作用。在农户秸秆还田意愿—行为之间起调节作用。王建明等（2011）研究表明，物质主义观念、社会压力、中国文化背景（面子观念和群体一致）对资源节约意识—节约行为间关系有调节效应。杨君茹等（2018）发现城镇居民家庭用能习惯反向调节节能行为意愿与削减型节能行为之间的关系。王建明和王俊豪（2011）运用扎根理论研究发现，社会参照规范（面子文化、社会风气等）和制度技术情境（政府政策、政策执行力度）在低碳心理意识与低碳消费模式关系中起调节作用。王建明（2012）研究发现，面子文化对意识—行为关系存在调节作用。中国人比较爱脸面、场面，即面子观念在中国文化背景里扮演着至关重要的角色（王建明，2013）。因此，本书认为，面子观念可能在节能意识与日常间接节能行为关系中起调节作用。为了引导农村居民节能，政府通过各种形式宣传节能政策、节能知识，并且出台了一些激励农村居民节能的政策措施，宣传政策和政策措施的执行力度是农村居民实施节能行为的外部环境，当农村居民感觉到这些环境有助于实施节能时，节能意识就更容易转化为节能行为。根据动机—机会—能力理论，节能习惯、节能知识、宣传政策和政策执行力度可能在节能意识与日常间接节能行为关系中起调节作用。

为此，本书提出如下假设。

H3a：面子观念对节能意识—日常间接节能行为关系有调节作用。

H3b：节能习惯对节能意识—日常间接节能行为关系有调节作用。

H3c：节能知识对节能意识—日常间接节能行为关系有调节作用。

H3d：宣传教育对节能意识—日常间接节能行为关系有调节作用。

H3e：政策执行力度对节能意识—日常间接节能行为关系有调节作用。

第三节 研究设计

一、数据来源

本书所采用的数据均为课题组 2017 年 10 月至 2018 年 6 月在江西开展的入

户调查所得，以江西的农村居民作为研究对象，考察其日常间接节能行为情况。采用分层抽样确定样本后，依据随机抽样原则选取样本农村居民，调查人员采取随机面对面访谈的方式进行问卷调查。共调查650个农村居民样本，删除无效问卷、关键变量缺失等问卷后，最终得到有效样本602个。从性别来看，男、女在总样本中所占比重分别为49.17%、50.83%；从年龄来看，30岁及以下农村居民、31~60岁农村居民、60岁以上农村居民分别占总样本的37.38%、50.83%、11.79%；从文化程度来看，中小学及以下、初中、高中、大专及以上分别占总样本的31.73%、30.73%、15.95%、21.59%；从个人年可支配收入来看，10000元以下、10000~30000元、30001~50000元、50000元以上分别占总样本的34.55%、32.89%、20.1%、12.46%。从总体上看，本书所选择的农村居民样本在性别、年龄、学历、收入上分布比较均衡，具有一定的代表性。

二、变量设置

环境意识的结构维度总体上包含环境态度（Jagodic et al.，2016；Laroche et al.，2001）、环境情感（Lacasse，2016；Stern et al.，1999）、环境价值观（Larson et al.，2015；Lacasse，2016）等，借鉴已有环境意识研究成果并结合研究目的，本书认为农村居民节能意识由节能态度、节能情感和生态价值观构成。农村居民节能意识参考了岳婷（2014）、王建明（2015）和Stern et al.（1999）的研究，结合农村居民的调研自行开发了9个条目的量表。日常间接节能行为的测量参考Sütterlina et al.（2011）、Yang et al.（2012）、杨树（2015）的研究，包括3个题项。节能知识的测量参考Schahn and Holzer（1990）、Sia et al.（1986）、Frick et al.（2004）的研究，包含2个题项。节能习惯的测量参考Donald et al.（2014）、Geng et al.（2017）的研究，结合概念设计7个条目，删除了3个条目，保留了4个题项。面子观念参考王建明（2013）的研究设计了3个条目的量表。社会规范参考了Ajzen等（1991）的研究，设计了3个条目的量表。环境问题感知参考Hunecke et al.（2001）的研究，设计了3个条目的量表。政策执行力度参考了芈凌云（2011）、岳婷（2014）的研究。各潜变量均采用李克特7分量表测量变量，其中“1”代表完全不同意，“7”代表完全同意。测量变量的描述性统计如表10-1所示。

表 10-1　调查问卷各测度变量的描述性统计分析结果

潜变量	代码	测量变量	平均值	标准差
日常间接节能行为（JJ）	JJ1	我会尽量选择购买当季的蔬菜和水果	5.887	1.327
	JJ2	尽量选择本地产的蔬菜和水果	5.462	1.584
	JJ3	选择购买简单包装的商品	5.128	1.562
节能态度（TD）	TD1	我觉得应该尽量节能	6.374	0.847
	TD2	我觉得节能是明智的选择	6.291	0.943
	TD3	我赞成使用节能产品	6.339	0.911
节能情感（QG）	QG1	看到别人节约能源，我会很赞许	5.698	1.224
	QG2	看到别人节约能源，我会很欣赏	5.723	1.174
	QG3	如果我节约了能源，我会感到很自豪	5.420	1.338
生态价值观（ST）	ST1	保护环境	5.797	1.108
	ST2	防止污染	5.842	1.120
	ST3	与自然和谐相处	5.975	1.115
节能知识（ZS）	ZS1	电器设备待机时的耗电量，一般为其开机耗电量的10%左右	4.561	1.392
	ZS2	盛夏，空调温度最好设定室内与室外温差为4~5摄氏度，也就是27~28摄氏度，这样节电	5.100	1.582
节能习惯（XG）	XG1	节能是我日常生活的一部分	5.143	1.433
	XG2	我节能是不需要思考的事情	4.944	1.612
	XG3	节能已经成为我的习惯	5.347	1.440
	XG4	购买节能型家电是我的习惯	4.939	1.433
面子观念（MZ）	MZ1	相对而言，我在日常生活中比较注重面子	4.213	1.595
	MZ2	面子上好看是我最常考虑的事情	3.615	1.608
	MZ3	我常出于维护面子而调整或改变自身行为	3.681	1.666
社会规范（GF）	GF1	为了满足家人及亲朋好友的期望，我会选择购买节能产品	5.125	1.376
	GF2	购买节能产品会提升我在亲朋好友心中的地位	3.915	1.536
	GF3	购买节能产品会被其他人尊重	3.978	1.581

续表

潜变量	代码	测量变量	平均值	标准差
宣传教育（XC）	XC1	媒体和村里的宣传让我学会了很多节能的知识和技能	4.819	1.616
	XC2	媒体的宣传报道，使我意识到节能对于保护环境很重要	5.377	1.438
	XC3	《公众节能行为指南》对我的节能行为影响很大	4.198	1.758
政策执行力度（ZC）	ZC1	我认为节能政策宣传力度很大	4.181	1.597
	ZC2	我认为节能政策执行到位	4.005	1.553
	ZC3	我认为节能产品补贴政策力度很大	4.154	1.513

三、结果与分析

（一）共同方法偏误检验

本书采用 Harman 单因素检验法对同源方差程度进行检验。借助 Stata14.0 软件，对变量的所有题项进行探索性因子分析，结果表明，第一因子解释各变量变异的 27.34%，远小于 40%，说明本书数据不存在严重的共同方法偏误问题。

（二）信度检验

采用内部一致性系数（Cronbach's α 值）和组合信度测度各潜变量的内部一致性，利用 Spss 19.0 软件进行信度分析，各潜变量的信度检验结果如表10-2 所示。从表 10-2 可知，各潜变量的 Cronbach's α 值系数均大于 0.67，CR 值均大于 0.8，这表明量表的内部一致性较好，本书所使用调查问卷有较高可信度。

表 10-2　信度和效度检验结果

潜变量	代码	α 值	CR	AVE	标准化因子载荷	KMO 值
日常间接节能行为（JJ）	JJ1	0.707	0.839	0.636	0.809	0.626
	JJ2				0.864	
	JJ3				0.711	

续表

潜变量	代码	α值	CR	AVE	标准化因子载荷	KMO 值
节能态度（TD）	TD1	0.868	0.920	0.794	0.897	0.739
	TD2				0.892	
	TD3				0.884	
节能情感（QG）	QG1	0.863	0.920	0.793	0.930	0.680
	QG2				0.927	
	QG3				0.810	
生态价值观（ST）	ST1	0.905	0.941	0.841	0.924	0.739
	ST2				0.935	
	ST3				0.891	
节能知识（ZS）	ZS1	0.885	0.802	0.669	0.818	0.500
	ZS2				0.818	
节能习惯（XG）	XG1	0.838	0.893	0.676	0.833	0.770
	XG2				0.817	
	XG3				0.862	
	XG4				0.775	
面子观念（MZ）	MZ1	0.869	0.920	0.792	0.878	0.737
	MZ2				0.902	
	MZ3				0.890	
社会规范（GF）	GF1	0.791	0.878	0.707	0.719	0.619
	GF2				0.914	
	GF3				0.876	
政策执行力度（ZC）	ZC1	0.889	0.931	0.819	0.890	0.721
	ZC2				0.934	
	ZC3				0.890	
宣传教育（XC）	XC1	0.780	0.885	0.720	0.903	0.658
	XC2				0.869	
	XC3				0.768	

（三）效度检验

本部分借助 Spss 19.0 和 Amos20.0 软件，采用因子载荷、平均方差抽取量（AVE）和组合信度（CR）检验收敛效度，检验结果如表 10-2 所示。从表 10-2 可见，各潜变量 KMO 值均大于 0.5，说明研究量表适合进行因子分析。各变量的标准化因子载荷值建议值标准应该大于 0.5，AVE 值应大于 0.5，组合信度（CR）值应在 0.6 以上，本书各变量的标准化因子载荷值均大于 0.7，各因子（潜变量）的平均抽取方差（AVE）都大于 0.6，说明各潜变量的收敛效度较好；各因子（潜变量）的组合信度（CR）值均在 0.8 以上，表明测量模型有良好的构念信度，模型内在质量理想。因此，从总体上看，模型各变量都有较好的收敛效度，各潜变量有较好的信度。

采用 AVE 值来检验区别效度，若各变量 AVE 值的平方根均大于它与其他变量间相关系数的绝对值，则认为变量间具有良好的区别效度。区别效度分析结果如表 10-3 所示。表 10-3 中各潜变量的 AVE 平方根均明显高于它与其他变量相关系数的绝对值，表明各变量间的区别效度较好。

表 10-3　区别效度检验结果

变量	JJ	TD	QG	ST	ZS	XG	MZ	GF	XC	ZC
JJ	0.797									
TD	0.178***	0.891								
QG	0.249***	0.485***	0.891							
ST	0.208***	0.504***	0.563***	0.917						
ZS	0.161***	0.213***	0.269***	0.189***	0.818					
XG	0.258***	0.428***	0.351***	0.387***	0.268***	0.822				
MZ	-0.069*	-0.106***	-0.124***	-0.176***	0.009	-0.021	0.89			
GF	0.164***	0.184***	0.360***	0.232***	0.275***	0.192***	0.196***	0.841		
XC	0.252***	0.280***	0.420***	0.409***	0.330***	0.406***	-0.062	0.363***	0.849	
ZC	0.232***	0.220***	0.228***	0.282***	0.250***	0.411***	0.022	0.305***	0.536***	0.905

注：*、**、*** 分别表示在 10%、5%、1%的水平下显著。

第四节　实证结果分析

一、节能意识对农村居民日常间接节能行为的影响分析

为了考察节能意识对农村居民日常间接节能行为的影响，构建研究模型（10-1）：

$$Y = \alpha_0 + \sum_{i=1}^{3} \alpha_i X_i + \sum_{i=1}^{3} \sum_{j=1}^{3} \beta_j X_i X_j + \varepsilon(i \neq j) \tag{10-1}$$

模型（10-1）中，$X_i X_j$ 表示节能意识三个维度间的交互项，α_0 为常数项，α_i 和 β_j 分别表示自变量及交互项的系数，ε 为误差项。首先，将节能意识三个维度纳入模型（模型一），分析节能意识各维度的主效应。其次，将节能意识三个维度、节能意识三个维度之间的交互项纳入模型（模型二），分析节能意识各维度之间的相互关系以及交互效应。对所有变量进行中心化处理后，模型估计结果如表 10-4 所示。

表 10-4　节能意识对农村居民日常间接节能行为影响的估计结果

变量	模型一	模型二
节能态度（TD）	0.067 （0.95）	0.066 （0.76）
节能情感（QG）	0.197*** （3.67）	0.179*** （3.15）
生态价值观（ST）	0.093 （1.58）	0.086 （1.39）
生态价值观 * 节能情感		-0.033 （-0.88）
生态价值观 * 节能态度		0.088 （1.33）

续表

变量	模型一	模型二
节能情感 * 节能态度		-0.093 (-1.53)
N	602	602
R^2	0.070	0.076
p	0.000	0.000

注：*、**、*** 分别表示在 10%、5%、1%的水平下显著。

在表 10-4 中，从模型一的估计结果可知，在 1%的显著性水平下，节能情感对农村居民日常间接节能行为有正向影响，但节能态度、生态价值观对农村居民日常间接节能行为均没有显著影响。说明有节能情感的农村居民在日常生活中更可能进行间接节能。

模型二的估计结果表明，引入交互项后，节能态度、生态价值观对农村居民日常间接节能行为均没有显著影响，只有节能情感对农村居民日常间接节能行为的影响为正。节能意识各维度两两交互项对农村居民日常间接节能行为的影响均不显著。说明节能意识各维度间不存在两两交互作用。

二、情景因素的调节效应分析

为了验证情景因素（节能知识、节能习惯、面子观念、社会规范、宣传教育及政策执行力度）的调节作用，构建出研究模型（10-2），采用层次回归方法进行分析。

$$Y = \alpha_0 + \sum_{i=1}^{3} \alpha_i X_i + \sum_{i=1}^{3} \sum_{j=1}^{3} \beta_j X_i M_j + \varepsilon(i \neq j) \qquad (10-2)$$

模型（10-2）中，X_iM_j表示变量 M_j在 X_i与 Y 之间关系的调节效应。采用层次回归方法检验情景因素的调节效应。首先，只将节能意识三个维度纳入模型（模型一），分析其主效应。其次，将特定情境变量、节能意识三个维度纳入模型（模型二），分析其主效应。最后，将特定情境变量、节能意识三个维度、特定情境变量与节能意识三个维度的交互项纳入模型（模型三），分析特定情境变量的调节效应。在对所有变量进行中心化处理后，进行层次回归分析，节能知识、节能习惯、面子观念调节效应的估计结果如表 10-5 所示。

表 10-5 节能知识、节能习惯、面子观念的调节效应分析

变量	节能知识			节能习惯			面子观念		
	模型一	模型二	模型三	模型一	模型二	模型三	模型一	模型二	模型三
TD	0.067 (0.95)	0.051 (0.72)	0.023 (0.29)	0.067 (0.95)	−0.011 (−0.16)	−0.052 (−0.66)	0.067 (0.95)	0.066 (0.94)	0.074 (1.05)
QG	0.197 *** (3.67)	0.173 *** (3.19)	0.180 *** (3.17)	0.197 *** (3.67)	0.173 *** (3.26)	0.158 *** (3.01)	0.197 *** (3.67)	0.196 *** (3.65)	0.182 *** (3.31)
ST	0.093 (1.58)	0.091 (1.56)	0.099 * (1.65)	0.093 (1.58)	0.053 (0.91)	0.062 (1.07)	0.093 (1.58)	0.088 (1.49)	0.088 (1.49)
Mi		0.102 ** (2.54)	0.106 *** (2.59)		0.185 *** (4.27)	0.205 *** (4.68)		−0.023 (−0.68)	−0.023 (−0.70)
ST * Mi			0.020 (0.39)			0.162 *** (3.48)			−0.005 (−0.12)
QG * Mi			0.011 (0.26)			0.038 (0.86)			0.037 (1.06)
TD * Mi			−0.050 (−0.73)			−0.159 *** (−2.78)			−0.055 (−1.11)
N	602	602	602	602	602	602	602	602	602
R^2	0.070	0.080	0.081	0.070	0.098	0.127	0.070	0.071	0.074
p	0.000	0.000	0.000	0.000	0.000	0.000	0.000	0.000	0.000

注：*、**、*** 分别表示在 10%、5%、1%的水平下显著。

从节能知识调节作用模型的估计结果可知，节能知识对农村居民日常间接节能行为有正向影响，说明农村居民掌握的节能知识越多，越倾向进行间接节能。节能知识对节能意识—日常间接节能行为之间关系均没有显著的调节效应。

在节能习惯的调节作用中，节能习惯对农村居民日常间接节能行为有显著正向影响，说明节能习惯对日常间接节能行为存在着正向的促进作用。节能习惯正向调节生态价值观—日常间接节能行为之间的关系。如图 10-1（a）所示，对于节能习惯较强的农村居民来说，生态价值观—日常间接节能行为之间的正向作用较强；而对于节能习惯较弱的农村居民来说，生态价值观—日常间接节

能行为之间的正向作用相对较弱。而节能习惯负向调节节能态度对日常间接节能行为的影响，如图 10-1（b）所示。对于节能习惯较弱的农村居民来说，节能态度—日常间接节能行为之间的正向作用较强；而对于节能习惯较强的农村居民来说，节能态度—日常间接节能行为之间的正向作用相对较弱，可能的解释是在与习惯相关的情境中会自动引发行为—习惯的表现（Wood et al.，2007），越过态度的影响。

在面子观念的调节作用中，面子观念对农村居民日常间接节能行为没有显著影响，且面子观念对节能意识—日常间接节能行为之间关系没有调节作用。

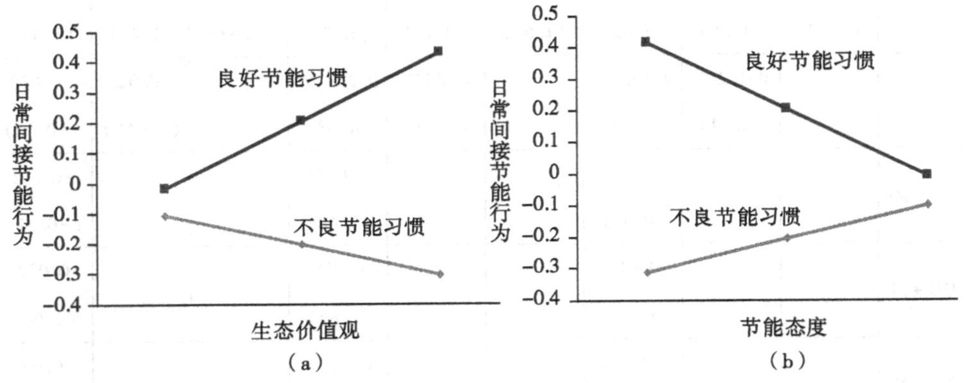

图 10-1　节能习惯的调节效应

社会规范、宣传教育、节能政策执行力度调节效应的估计结果如表 10-6 所示。从社会规范调节作用模型的估计结果可知，社会规范对农村居民日常间接节能行为有显著正向影响，说明社会规范有助于农村居民进行间接节能。社会规范对节能意识—日常间接节能行为之间关系均没有调节作用。

表 10-6　社会规范、宣传教育、节能政策执行力度的调节效应分析

变量	社会规范			宣传教育			节能政策执行力度		
	模型一	模型二	模型三	模型一	模型二	模型三	模型一	模型二	模型三
TD	0.067 (0.95)	0.067 (0.95)	0.120 (1.58)	0.067 (0.95)	0.062 (0.88)	0.106 (1.35)	0.067 (0.95)	0.044 (0.64)	0.092 (1.25)
QG	0.197*** (3.67)	0.164*** (2.94)	0.114* (1.94)	0.197*** (3.67)	0.145*** (2.65)	0.103* (1.80)	0.197*** (3.67)	0.181*** (3.42)	0.147*** (2.74)

续表

变量	社会规范			宣传教育			节能政策执行力度		
	模型一	模型二	模型三	模型一	模型二	模型三	模型一	模型二	模型三
ST	0.093 (1.58)	0.089 (1.53)	0.061 (0.99)	0.093 (1.58)	0.045 (0.76)	0.031 (0.49)	0.093 (1.58)	0.052 (0.89)	0.026 (0.44)
Mi		0.083** (2.09)	0.097** (2.43)		0.149*** (3.85)	0.140*** (3.51)		0.153*** (4.45)	0.160*** (4.54)
ST * Mi			-0.064 (-1.36)			-0.003 (-0.08)			-0.020 (-0.47)
QG * Mi			-0.067 (-1.63)			-0.069** (-1.97)			-0.113*** (-2.96)
TD * Mi			0.047 (0.88)			0.039 (0.77)			0.114** (2.07)
N	602	602	602	602	602	602	602	602	602
R^2	0.070	0.077	0.091	0.070	0.093	0.102	0.070	0.100	0.119
p	0.000	0.000	0.000	0.000	0.000	0.000	0.000	0.000	0.000

注：*、**、***分别表示在10%、5%、1%的水平下显著。

在宣传教育的调节作用中，宣传教育对农村居民日常间接节能行为有正向影响，说明宣传教育力度越大，农村居民实施日常间接节能行为的概率越大。宣传教育负向调节节能情感与日常间接节能行为的关系，如图10-2所示。对于接受宣传教育多的农村居民来说，节能情感—日常间接节能行为之间的正向作用较弱；但对于接受宣传教育少的农村居民来说，节能情感—日常间接节能行为之间的正向作用相对较强。可能的解释是宣传教育使得农村居民对日常间接节能行为的了解更加深入，从情感路径激励农村居民实施日常间接节能行为的可能性较小。

在节能政策执行力度的调节作用中，节能政策执行力度对农村居民日常间接节能行为有正向影响，说明加大节能政策执行力度可以促进农村居民进行间接节能。节能政策执行力度负向调节节能情感与农村居民日常间接节能行为之间的关系，说明加大节能政策执行力度会削弱节能情感对农村居民日常间接节

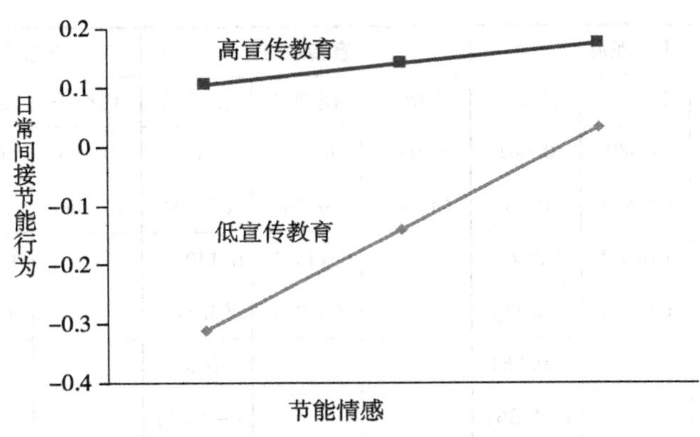

图 10-2　宣传教育的调节效应

能行为的正向影响。如图 10-3（a）所示，节能政策执行力度大的情形下，节能情感—日常间接节能行为之间的正向作用较弱；节能政策执行力度小的情形下，节能情感—日常间接节能行为之间的正向作用相对较强。原因可能在于：行为决策模式分为核算模式、情感模式和角色模式三种类型（Truelove et al.，2014）。基于核算模式的个体多倾向对行为成本及自身资源的掌控程度进行评估，并将其作为行动的重要依据，从某种程度上说是一种理性决策模式（徐林、凌卯亮，2017）。根据核算模式的行为决策理论，加大节能政策执行力度在促进农村居民间接节能的同时，也让农村居民感觉到获得“额外收入”，该“额外收入”会增加其生活支出的总预算，这可能是弱化了而不是增强了农村居民间接节能倾向，从而会削弱节能情感对日常间接节能行为正向影响。

节能政策执行力度正向调节节能态度与农村居民间接节能行为之间的关系，说明加大节能政策执行力度能够增强节能态度对农村居民日常间接节能行为的正向影响。原因可能是加大节能政策执行力度，进一步强化了农村居民的节能态度，从而促进农村居民实施日常间接节能行为。如图 10-3（b）所示，节能政策执行力度大的情形下，节能态度—日常间接节能行为之间的正向作用较强；节能政策执行力度小的情形下，节能态度—日常间接节能行为之间的正向作用相对较弱。

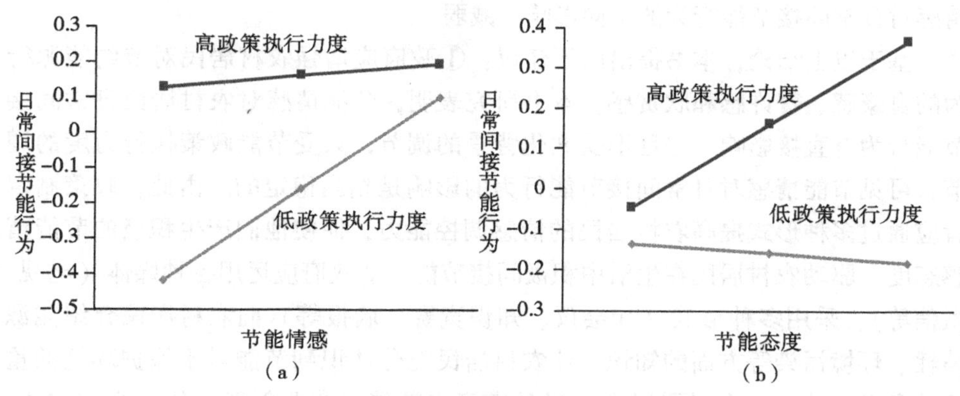

图 10-3　节能政策执行力度的调节效应

第五节　研究结论与政策启示

运用江西省农村居民的实地调查数据，研究影响节能意识与农村居民日常间接节能行为一致性的影响因素，研究发现：①节能意识三个维度对农村居民住宅节能投资行为的影响存在差异，即在节能意识三个维度中，只有节能情感对农村居民日常间接节能行为有正向影响。节能意识三个因子的交互效应研究分析表明，引入交互项后，仍然只有节能情感会影响农村居民日常间接节能行为，节能意识各维度间不存在两两交互作用。②调节效应检验发现，节能习惯、宣传教育、节能政策执行力度在节能意识转化为日常间接节能行为的过程中起着促进或阻碍作用，是导致节能意识与日常间接节能行为不一致发生的外部因素，其中，节能习惯正向调节生态价值观—日常间接节能行为之间关系，即在农村居民具有节能习惯的情形下，生态价值观对日常间接节能行为的正向影响会强化。宣传教育负向调节节能情感—行为之间关系，即节能宣传教育会削弱节能情感对日常间接节能行为的正向影响。节能政策执行力度正向调节节能态度—日常间接节能行为之间关系，即加大节能政策执行力度会强化节能态度对农村居民日常间接节能行为的正向影响。节能政策执行力度负向调节节能情感—日常间接节能行为之间关系，即在加大节能政策执行力度的情况下，节能情感对日常间接节能行为的正向影响会减弱。

基于以上结论，本书提出以下建议：①政府应增强农村居民对节约能源行为的自豪感、赞许感和欣赏感。本书研究表明，节能情感对农村居民日常间接节能行为有直接影响，并且不受文化背景的调节，只受节能政策执行力度的调节，可见节能情感对日常间接节能行为的影响是相当稳定的。由此，政策制定者应通过多种形式提高农村居民的情感调控能力，促使他们产生积极的节能情感态度，驱动农村居民在生活中积极间接节能。②政府应运用各种媒体（电视、微信等），采用多种形式（如会议、知识竞赛、墙报等）向农村居民介绍能源消耗、环境污染等方面的知识，让农村居民充分认识到节能对于保护环境的重要性和必要性，使农村居民有积极的态度来节能。③要创新宣传内容与方法，引导农村居民养成节能的习惯。在加大节能知识的宣传教育力度的同时，通过行政手段要求基层干部、党员率先改变不良用能习惯，发挥他们的示范带头作用，逐步引导农村居民养成良好的节能习惯。

第十一章　农村居民对节能政策的评价研究

第一节　农村居民对节能政策认知分析

农村居民对节能政策的认知不仅会影响其节能意愿，还会影响节能政策的实施效果。本书通过探究农村居民对“阶梯电价政策”“新能源汽车补贴政策”和“节能产品惠民工程”补贴政策等六个节能政策的了解程度来分析农村居民对节能政策的认知，结果如表 11-1 所示。农村居民最了解的政策是“阶梯电价政策”，占比 57. 18%；“节能产品惠民工程”补贴政策次之，占比 51. 16%；然后是“高效节能家电补贴政策”，占比 49. 49%；这表明总体上农村居民较为了解这三个节能政策。但是在《节能宣传周活动》和《公众节能行为指南》中，农村居民对其了解的占比分别为 26. 08%和 28. 90%，占比较少，说明政府仍需加强对这两个政策的宣传力度。

表 11-1　农村居民对节能政策的了解程度占比

了解程度	不了解（%）	不确定（%）	了解（%）
“阶梯电价政策”	25. 90	16. 90	57. 18
“新能源汽车补贴政策”	34. 39	22. 59	43. 03
“节能产品惠民工程补贴政策”	28. 73	20. 10	51. 16
“高效节能家电补贴政策”	27. 08	23. 42	49. 49
《节能宣传周活动》	48. 18	25. 75	26. 08
《公众节能行为指南》	45. 68	25. 42	28. 90

一、农村居民对“阶梯电价政策”认知分析

农村居民对“阶梯电价政策”的了解程度不仅会影响农村居民的节能意愿，还会影响“阶梯电价政策”的实施效果。农村居民对“阶梯电价政策”的了解程度如表 11-2 所示，比较了解和非常了解“阶梯电价政策”的农村居民占全部样本的 57.14%，这表明绝大部分农村居民了解“阶梯电价政策”。进一步发现，仍有 13.29%的农村居民根本不了解“阶梯电价政策”，还有 12.62%的农村居民不太了解“阶梯电价政策”，其中男性占比 5.32%，女性占比 7.31%，女性占比比男性多。可见，政府还需要加大“阶梯电价政策”的宣传力度，尤其是对女性的宣传力度。

表 11-2 农村居民对“阶梯电价政策”的了解程度

了解程度	男	女	全部	
	占比（%）	占比（%）	占比（%）	人数
根本不了解	5.32	7.97	13.29	80
不太了解	5.32	7.31	12.62	76
不确定	8.64	8.31	16.94	102
比较了解	18.11	17.77	35.88	216
非常了解	11.79	9.47	21.26	128
总计	49.17	50.83	100.00	602

二、农村居民对“新能源汽车补贴政策”认知分析

“新能源汽车补贴政策”会影响农村居民汽车购买决策，而对于不同文化程度的农村居民来说影响程度可能有所差异。农村居民对“新能源汽车补贴政策”的了解程度如表 11-3 所示。从表 11-3 可知，比较了解和非常了解“新能源汽车补贴政策”的农村居民只占全部样本的43.03%，其中，文化程度在初中及以下的占全部样本的24.25%，而初中以上仅占 18.77%。有 15.95%的农村居民根本不了解“新能源汽车补贴政策”。这说明农村居民对“新能源汽车补贴

政策”的了解程度偏低。在被访的602个农村居民中，了解“新能源汽车补贴政策”的农村居民还不到总数的一半，并且了解“新能源汽车补贴政策”的农村居民主要是文化程度在初中以上的人。因此，政府要加大“新能源汽车补贴政策”，尤其是加大对文化程度偏低的人的宣传力度。

表 11-3　农村居民对“新能源汽车补贴政策”的了解程度

了解程度	初中及以下	初中以上	全部	
	占比（%）	占比（%）	占比（%）	人数
根本不了解	11.96	3.99	15.95	96
不太了解	12.62	5.81	18.44	111
不确定	13.62	8.97	22.59	136
比较了解	17.77	13.62	31.40	189
非常了解	6.48	5.15	11.63	70
总计	62.46	37.54	100.00	602

三、农村居民对“节能产品惠民工程补贴政策”认知分析

农村居民对“节能产品惠民工程”补贴政策的认知会影响其节能意愿，同时不同年龄对该政策的认知也有差异。由表11-4可知，比较了解和非常了解“节能产品惠民工程”补贴政策的占51.16%；进一步分析发现，仍有28.73%的农村居民不了解“节能产品惠民工程”补贴政策，其中30岁及以下的农村居民占比8.8%，30岁以上的农村居民占比19.93%，这说明农村居民对“节能产品惠民工程”补贴政策了解得较少，政府需加强对该政策的宣传力度，同时要加强对30岁以上农村居民的宣传力度。

表 11-4　农村居民对“节能产品惠民工程补贴政策”的了解程度

了解程度	30岁及以下	30岁以上	全部	
	占比（%）	占比（%）	占比（%）	人数
根本不了解	3.32	8.47	11.79	71
不太了解	5.48	11.46	16.94	102

续表

了解程度	30岁及以下	30岁以上	全部	
	占比（%）	占比（%）	占比（%）	人数
不确定	8.80	11.30	20.1	121
比较了解	15.28	23.59	38.87	234
非常了解	4.15	8.14	12.29	74
总计	37.04	62.96	100.00	602

四、农村居民对“高效节能家电补贴政策”认知分析

农村居民对“高效节能家电补贴政策”的认知会影响该政策的实施效果，而且不同的文化水平可能会产生不同程度的影响效果，由表11-5可知，有49.49%的农村居民认为自己了解“高效节能家电补贴政策”，但是仍有27.08%的农村居民不了解该政策，进一步分析发现，文化程度在初中及以下的占比17.61%，初中以上占比9.47%。因此，政府应该加强对“高效节能家电补贴政策”的宣传力度，同时要注重向文化程度较低的农村居民的宣传。

表11-5　农村居民对“高效节能家电补贴政策”的了解程度

了解程度	初中及以下	初中以上	全部	
	占比（%）	占比（%）	占比（%）	人数
根本不了解	6.98	3.82	10.80	65
不太了解	10.63	5.65	16.28	98
不确定	13.95	9.47	23.42	141
比较了解	23.75	14.78	38.53	232
非常了解	7.14	3.82	10.96	66
总计	62.46	37.54	100.00	602

五、农村居民对每年开展的《节能宣传周活动》认知分析

农村居民对每年开展的《节能宣传周活动》的认知会影响其节能意愿，而

男性与女性之间可能也存在差异，分析结果如表 11-6 所示。由表 11-6 可知，比较了解和非常了解《节能宣传周活动》的仅占 26.08%，根本不了解和不太了解的占 48.18%，其中男性占比 20.76%，女性占比 27.40%。这说明总体上农村居民对每年开展的《节能宣传周活动》了解有限，而男性的了解程度要高于女性。因此，政府应该加强对《节能宣传周活动》的宣传，尤其是向女性宣传。

表 11-6　农村居民对《节能宣传周活动》的了解程度

了解程度	男	女	全部	
	占比（%）	占比（%）	占比（%）	人数
根本不了解	9.80	12.62	22.43	135
不太了解	10.96	14.78	25.75	155
不确定	13.29	12.46	25.75	155
比较了解	12.46	8.31	20.76	125
非常了解	2.66	2.66	5.32	32
总计	49.17	50.83	100.00	602

六、农村居民对《公众节能行为指南》认知分析

引导居民节能的政策不仅会影响其节能意愿，而且不同文化水平的影响程度可能也有所差异。农村居民对《公众节能行为指南》的了解程度如表 11-7 所示，不了解《公众节能行为指南》的占 45.68%，而了解的仅占 28.90%，差距明显，说明总体上农村居民对于引导节能的政策还是不够了解。进一步分析发现，在不了解该政策的农村居民中，文化程度在初中及以下的占比 29.57%，而初中以上的占比 16.11%。因此，政府要加大对诸类政策的宣传，且应注重向文化水平较低的农村居民宣传。

表 11-7　农村居民对《公众节能行为指南》的了解程度

了解程度	初中及以下	初中以上	全部	
	占比（%）	占比（%）	占比（%）	人数
根本不了解	14.29	7.14	21.43	129
不太了解	15.28	8.97	24.25	146

续表

了解程度	初中及以下	初中以上	全部	
	占比（%）	占比（%）	占比（%）	人数
不确定	16.11	9.30	25.42	153
比较了解	13.29	10.13	23.42	141
非常了解	3.49	1.99	5.48	33
总计	62.46	37.54	100.00	602

第二节　农村居民感知的节能政策力度分析

一、农村居民感知的节能政策宣传力度分析

农村居民感知的节能政策宣传力度不仅关系到农村居民节能意愿，还关系到政策的实施效果。从表 11-8 可知，农村居民感知的节能政策宣传力度有点大、比较大和非常大的占 42.03%，而感知有点小、比较小和非常小的占 33.06%，这说明农村居民感知的节能政策宣传力度较小，节能政策宣传力度与农村居民对政策的预期还存在一定的差距。进一步分析发现，在感知力度小的占比中，男性占 15.45%，女性占 17.61%，表明女性感知到的节能政策宣传力度比男性的要小。可见，政府仍需加强节能政策宣传力度，尤其是对女性的宣传力度。

表 11-8　农村居民感知的节能政策宣传力度

农村居民感知的节能政策宣传力度	男	女	全部	
	占比（%）	占比（%）	占比（%）	人数
非常小	3.49	2.66	6.15	37
比较小	3.82	4.65	8.47	51
有点小	8.14	10.30	18.44	111

续表

农村居民感知的节能政策宣传力度	男	女	全部	
	占比（%）	占比（%）	占比（%）	人数
不确定	12.29	12.62	24.92	150
有点大	9.97	11.46	21.43	129
比较大	6.64	4.65	11.30	68
非常大	4.82	4.49	9.30	56
总计	49.17	50.83	100.00	602

二、农村居民感知的节能产品补贴政策力度分析

农村居民感知的节能产品补贴政策力度不仅会影响其购买节能产品的决策，而且不同文化水平的影响程度可能也有所差异，分析结果如表 11-9 所示。从表 11-9 可知，在节能产品补贴政策力度上，农村居民感知节能产品补贴政策力度大的占 39.70%；但仍有 30.73%的农村居民感知到的节能产品补贴政策力度偏小，其中文化程度在初中及以下的占 19.10%，初中以上的占 11.63%；这表明文化水平越高，所感知到的节能产品补贴政策力度越大。可见，政府应该加强节能产品补贴政策的宣传，同时加强向文化水平偏低的农村居民宣传。

表 11-9　农村居民感知的节能产品补贴政策力度

感知力度	初中及以下	初中以上	全部	
	占比（%）	占比（%）	占比（%）	人数
非常小	3.82	1.83	5.65	34
比较小	5.98	1.99	7.97	48
有点小	9.30	7.81	17.11	103
不确定	18.60	10.96	29.57	178
有点大	13.62	7.48	21.10	127
比较大	6.98	4.49	11.46	69
非常大	4.15	2.99	7.14	43
总计	62.46	37.54	100.00	602

三、农村居民感知的节能政策执行力度分析

农村居民感知的节能政策执行力度不仅会影响节能政策的执行效果，而且不同年龄的影响程度可能会有差异，分析结果如表 11-10 所示。由表 11-10 可知，感知节能政策执行力度偏大的农村居民占 34.22%，感知力度偏小的农村居民占 34.72%；其中 30 岁及以下的占 11.62%，30 岁以上的占 23.10%。这表明农村居民感知的节能政策执行力度仍有上升空间，且年龄越大，所感知的力度越小。因此，加大农村居民，尤其是 30 岁以上的农村居民对节能政策执行力度的感知十分重要。

表 11-10　农村居民感知的节能政策执行力度

感知力度	30 岁及以下	30 岁以上	全部	
	占比（%）	占比（%）	占比（%）	人数
非常小	1.66	4.82	6.48	39
比较小	2.82	7.81	10.63	64
有点小	7.14	10.47	17.61	106
不确定	12.46	18.60	31.06	187
有点大	6.81	9.97	16.78	101
比较大	3.49	6.81	10.30	62
非常大	2.66	4.49	7.14	43
总计	37.04	62.96	100.00	602

第三节　农村居民节能政策效度分析

一、“阶梯电价政策”效度分析

“阶梯电价政策”的效度不仅关系到节能政策的实施效果，而且男性与女

性之间可能会存在差异，分析结果如表 11-11 所示。由表 11-11 可知，认为自己比较同意在家电使用过程中考虑“阶梯电价”的农村居民占 50%；但仍有 13.80%的农村居民不同意该说法。进一步分析发现，女性占 7.15%，男性占 6.65%，女性略高于男性。这说明总体上农村居民的“阶梯电价政策”效度较低。

表 11-11　“阶梯电价政策”效度状况

效度	男	女	全部	
	占比（%）	占比（%）	占比（%）	人数
非常不同意	2.16	2.66	4.82	29
比较不同意	4.49	4.49	8.98	54
不确定	4.98	9.30	14.28	86
比较同意	24.92	25.08	50.00	301
非常同意	12.62	9.30	21.92	132
总计	49.17	50.83	100.00	602

二、“高效节能家电补贴政策”效度分析

“高效节能家电补贴政策”效度不仅关系到节能政策的实施效果，而且不同的年可支配收入之间的效果可能会有差异，分析结果如表 11-12 所示。由表 11-12 可知，农村居民在购买家电时会考虑“高效节能家电补贴政策”的占 76.08%，表明“高效节能家电补贴政策”效度较好。但仍有 8.14%的农村居民不会考虑，其中年可支配收入在 30000 元及以下的占 5.15%，年可支配收入在 30000 元以上的占 2.99%，这说明年可支配收入越低，反而在购买家电时越不会考虑“高效节能家电补贴政策”。

表 11-12　“高效节能家电补贴政策”效度状况

效度	年可支配收入在30000 元及以下	年可支配收入在30000 元以上	全部	
	占比（%）	占比（%）	占比（%）	人数
非常不同意	1.50	0.50	1.99	12
比较不同意	3.65	2.49	6.15	37

续表

效度	年可支配收入在30000元及以下	年可支配收入在30000元以上	全部	
	占比（%）	占比（%）	占比（%）	人数
不确定	9.30	6.48	15.78	95
比较同意	26.08	25.58	51.66	311
非常同意	12.62	11.79	24.42	147
总计	53.16	46.84	100.00	602

三、“小排量节能汽车补贴政策”效度分析

“小排量节能汽车”补贴政策不仅关系到农村居民的购车决定，而且关系到该政策的效度，同时男性与女性之间可能会存在差异，分析结果如表 11-13 所示。可以看出有 66.44%的农村居民同意“小排量节能汽车”补贴政策会影响其购车决定，进一步分析发现，男性占 34.38%，女性占 32.06%，可见，对女性来说，该政策的效度较弱；而不同意“小排量节能汽车”补贴政策会影响其购车决定的占 10.96%。因此，“小排量节能汽车”补贴政策对女性的影响较小。

表 11-13 “小排量节能汽车补贴政策”效度状况

效度	男	女	全部	
	占比（%）	占比（%）	占比（%）	人数
非常不同意	2.82	2.16	4.98	12
比较不同意	2.66	3.32	5.98	37
不确定	9.30	13.29	22.59	95
比较同意	23.42	22.09	45.51	311
非常同意	10.96	9.97	20.93	147
总计	49.17	50.83	100.00	602

四、"节能产品惠民工程补贴政策"效度分析

"节能产品惠民工程补贴政策"效度不仅关系到农村居民的购买意愿，而且关系到该政策的实施效果。本书主要通过有"节能产品惠民工程"标识产品可享受补贴会影响农村居民购买决定问题来体现，同时按照年龄进行细分分析，分析结果如表 11-14 所示。可知 76.08%的受访者同意有"节能产品惠民工程"标识产品可享受补贴会影响其购买决定，其中 30 岁及以下的占 29.90%，30 岁以上的占 46.18%。这说明总体上"节能产品惠民工程"补贴政策效度较好，"节能产品惠民工程"补贴政策对年龄较大的农村居民影响更大。

表 11-14 "节能产品惠民工程补贴政策"效度状况

效度	30 岁及以下	30 岁以上	全部	
	占比（%）	占比（%）	占比（%）	人数
非常不同意	0.50	1.66	2.16	13
比较不同意	1.33	4.65	5.98	36
不确定	5.32	10.47	15.79	95
比较同意	22.09	32.72	54.81	330
非常同意	7.81	13.46	21.27	128
总计	37.04	62.96	100.00	602

五、用能信息干预政策效度分析

用能信息干预政策效度分析主要通过电费详细账单和即时用电量等用能信息有助于我节能问题来体现。由表 11-15 可知，高达 90.04%的农村居民同意电费详细账单和即时用电量等用能信息有助于其节能，这说明农村居民的用能信息干预政策效度良好。但是仍有 3.49%的农村居民不同意该说法，其中年可支配收入在 30000 元及以下的占 2.16%，年可支配收入在 30000 元以上的占 1.33%，说明与收入水平高的农村居民群体相比，收入低的农村居民群体的用能信息干预政策效度较差。

表 11-15　用能信息干预政策效度状况

效度	年可支配收入在30000元及以下	年可支配收入在30000元以上	全部	
	占比（%）	占比（%）	占比（%）	人数
非常不同意	0.33	0.17	0.50	3
比较不同意	1.83	1.16	2.99	18
不确定	3.82	2.66	6.48	39
比较同意	28.90	26.74	55.65	335
非常同意	18.27	16.11	34.39	207
总计	53.16	46.84	100.00	602

六、节能信息干预政策效度分析

节能信息干预政策关系到农村居民的节能意愿，且不同文化水平农村居民的节能意愿可能存在差异。本书中节能信息干预政策效度状况主要通过节能教育和节能宣传有助于农村居民节能问题来体现，分析结果如表 11-16 所示。由表 11-16 可知，90.20%的农村居民同意节能教育和节能宣传有助于其节能这一观点，但是仍有 4.32%的农村居民不同意，其中文化水平在初中及以下的占 3.66%，在初中以上的占 0.67%，可见节能信息干预政策效度在不同文化水平之间存在差异，文化水平越高，节能信息干预政策效度越好。因此，政府应加强较低文化水平农村居民的节能信息宣传。

表 11-16　节能信息干预政策效度状况

效度	初中及以下	初中以上	全部	
	占比（%）	占比（%）	占比（%）	人数
非常不同意	1.50	0.17	1.67	10
比较不同意	2.16	0.50	2.66	16
不确定	3.49	1.99	5.48	33
比较同意	40.20	24.25	64.45	388
非常同意	15.12	10.63	25.75	155
总计	62.46	37.54	100.00	602

第十二章　研究结论与政策建议

第一节　研究结论

一、农村居民节能意识与节能行为现状分析的主要结论

采用农村居民调研数据，研究得出以下结论：

（1）从总体上看，农村居民具备较好的节能意识、节能态度、节能情感及生态价值观在文化程度上存在显著性差异，农村居民的文化程度越高，其节能态度、节能情感及生态价值观越强。

（2）在602个农村居民样本中，有90%的农村居民在生活中实施了节能行为；农村居民节能行为的各个维度存在差别，节能管理行为的均值最高（5.895），人际促进节能行为的均值最低（3.596）。

（3）农村居民节能行为在社会人口统计变量上存在差异，具体来说，人际促进节能行为在性别上存在显著差异；节能管理行为、能源削减行为和日常间接节能行为在年龄上具有显著差异；能源削减行为、人际促进节能行为和日常间接节能行为在婚姻状况上存在显著差异；能源削减行为和人际促进节能行为在文化程度上具有显著性差异；住宅节能投资行为和人际促进节能行为在居住地上存在显著的差异；住宅节能投资行为在外出务工经历上具有显著的差异。

二、农村居民节能意识产生驱动因素研究的主要结论

基于农村居民的调研数据，研究了农村居民节能意识产生的驱动因素，研

究得出以下结论：

（1）宣传教育、社会规范、能源问题感知对农村居民节能意识均有显著正向影响；对农村居民节能意识影响最大的是能源问题感知，宣传教育次之，然后是社会规范。

（2）多群组分析结果表明，农村居民性别、年龄和家庭年可支配收入在不同假设路径中的影响存在较大差异。具体来说，男性的社会规范、能源问题感知对节能意识的正向影响更大；年轻群体的社会规范对节能意识的正向影响更大，而年长群体的能源问题感知对节能意识的正向影响更大；只有年长群体的宣传教育对节能意识有显著正向影响；高收入群体的社会规范、能源问题感知对节能意识的正向影响更大，只有低收入群体的中国传统文化价值观对节能意识有显著正向影响。

三、农村居民节能管理行为研究的主要结论

本书分析了农村居民节能管理行为的影响因素，结果表明：感知的行为控制、节能态度、能源价格感知对农村居民节能管理意愿有显著的正向影响，而舒适偏好对农村居民节能管理意愿有显著的负向影响；节能习惯、节能态度、能源价格感知、能源价格政策效度、年龄对农村居民节能管理行为有显著的正向影响，但舒适偏好、面子对农村居民节能管理行为有显著的负向影响。

四、农村居民能源削减行为研究的主要结论

在识别农村居民能源削减行为影响因素的基础上，解析各影响因素的关联关系与层次结构，研究表明：节能责任感、节能知识、能源削减意愿、节能习惯、用能信息获取难易程度、节能政策、节能经济动机对农村居民能源削减行为有正向影响；受教育年限、舒适偏好对农村居民能源削减行为有负向影响。农村居民能源削减意愿是表层直接因素；节能责任感、节能政策效度、节能习惯、节能经济动机、用能信息获取难易度、节能知识是中间层因素；舒适偏好、受教育年限是深层次的根源因素。

五、农村居民能效投资节能意愿与行为偏差研究的主要结论

采用农村居民的调研数据，分析了农村居民能效投资节能意愿与行为偏差的影响因素，研究得出以下结论：

（1）在602个农村居民样本中，“有意愿有行为”“有意愿无行为”“无意愿无行为”和“无意愿有行为”的农村居民分别为214人、124人、146人和118人，存在偏差（有意愿无行为、无意愿有行为）的农村居民占总样本的39.9%，说明农村居民能效投资节能意愿与行为存在偏差。

（2）年可支配收入、节能知识、节能习惯、政策工具、能源价格和接受的理由会导致农村居民能效投资意愿与行为出现偏差；在农村居民不具有能效投资意愿的情况下，节能知识和政策工具会推动能效投资行为的产生；年可支配收入、能源价格和接受的理由有助于激发农村居民的能效投资意愿。

（3）节能习惯、政策工具、能源价格、接受的理由对农村居民能效投资意愿向行为的转化过程具有促进作用，而拒绝的理由则起阻碍作用。

六、中国传统文化价值观对农村居民人际促进节能行为的影响研究的主要结论

运用农村居民的调研数据，研究中国传统文化价值观对农村居民人际促进节能行为的影响，得到以下结论：

（1）中国传统文化价值观不仅直接影响农村居民人际促进节能行为，亦通过消极情感、主观规范和行为控制感知间接影响人际促进节能行为。

（2）中国传统文化价值观间接影响农村居民人际促进节能行为的影响程度存在差异。中国传统文化价值观通过主观规范间接影响人际促进节能行为的效应最大（0.205），消极情感（0.096）次之，然后是行为控制感知（0.078）。

（3）中国传统文化价值观通过消极情感、主观规范和行为控制感知的间接效应（0.379）大于中国传统文化价值观对农村居民人际促进节能行为的直接效应（-0.204），中国传统文化价值观对农村居民人际促进节能行为影响的总效应为正，影响效应值为0.175。

七、农村居民节能意识与住宅节能投资行为一致性研究的主要结论

研究节能意识与农村居民住宅节能投资行为一致性的影响因素，结果表明：

（1）节能意识三个维度对农村居民住宅节能投资行为的影响存在差异，即节能态度、生态价值观对农村居民住宅节能投资行为均有正向影响；生态价值观与节能情感之间存在显著的正向交互作用。

（2）社会规范、节能政策执行力度负向调节节能态度—住宅节能投资行为之间关系；面子观念、社会规范、经济激励型节能政策正向调节生态价值观—住宅节能投资行为之间关系；面子观念、经济激励型节能政策负向调节节能情感—住宅节能投资行为之间关系。

八、节能意识对农村居民日常间接节能行为的影响研究的主要结论

运用江西省农村居民的实地调查数据，分析了节能意识对农村居民日常间接节能行为的影响，研究发现：

（1）节能情感对农村居民日常间接节能行为有正向影响；节能意识各维度间不存在两两交互作用。

（2）节能习惯对生态价值观—日常间接节能行为之间关系有正向调节作用；宣传教育对节能情感—日常间接节能行为之间关系有负向调节作用；节能政策执行力度对节能态度—日常间接节能行为之间关系有正向调节作用；节能政策执行力度对节能情感—日常间接节能行为之间关系有负向调节作用。

九、农村居民对节能政策评价研究的主要结论

采用农村居民的调研数据，分析了农村居民对节能政策的评价，研究得出以下结论：

（1）在本书所列举的 6 个节能政策（“阶梯电价政策”、“新能源汽车补贴政策”、“节能产品惠民工程补贴政策”、《节能宣传周活动》和《公众节能行为指南》）中，农村居民最了解的是“阶梯电价政策”，在 602 个农村居民样本

中，有45.68%的农村居民不知道《公众节能行为指南》，有48.18%的农村居民不知道《节能宣传周活动》。有30%以上的农村居民感知节能政策宣传力度和节能产品补贴政策力度偏小。

（2）在602个农村居民样本中，有34.72%的农村居民感知节能政策执行力度小；有30.73%的农村居民感知节能产品补贴政策力度小；有33.06%的农村居民感知节能政策宣传力度小。

（3）比较分析农村居民评价这6个政策（"阶梯电价政策"、"高效节能家电补贴政策"、"小排量节能汽车补贴政策"、"节能产品惠民工程补贴政策"、用能信息干预政策）对其行为（用能行为或购买行为）的影响，发现用能信息干预政策效度最大，"阶梯电价政策"效度最小。

第二节 政策建议

一、提高农村居民的环境意识

采用电视公益广告、典型案例、短视频、图片等形式向农村居民，尤其是文化程度低的、年纪大的农村居民讲解环境问题（如雾霾、酸雨和水土流失等）是如何产生的，以及环境问题对人类健康、经济和气候产生的不利影响（如雾霾对人类身体健康的影响、气候变化对农业生产的影响等），让农村居民认识到环境问题与自身的行为息息相关，切身感受保护环境对自身的重要性和必要性，提升农村居民保护环境的意识。

二、培养和增强农村居民的节能责任感

通过制作能源消耗与生态环境关系（如每节约一度电减少多少碳排放、碳排放与人类健康之间的关系）的宣传视频、图片，介绍浪费能源对于生态环境、个人健康所造成的损害，讲解节能对于保护环境的重要性，让农村居民认识到节能是每个公民应尽的责任，以及每个人在日常生活中积极节能对于保护生态环境的必要性，培养农村居民的节能责任感。与此同时，还要让农村居民知晓

自己在日常生活中节能对大气污染防治是有效的，自己确实为保护环境做出了努力，提升其节能的成就感，进一步增强农村居民的节能责任感。

三、普及农村居民的节能知识

加强节能相关知识的普及教育和宣传，运用公益广告、电台广播、网络或户外媒体等各种媒体向农村居民传播节能的基本知识，通过知识竞赛、发放宣传手册、现场讲解等形式向农村居民宣传节能的意义、行为指南、具体的节能知识。重点是加强向文化程度低的农村居民宣传教育，将节能知识制作成通俗易懂的小视频，组织他们学习，采用有奖问答的方式提高他们的学习积极性和学习效果。虽然目前有《公众节能行为指南》，调研发现有一半的农村居民不了解《公众节能行为指南》，因此，节能知识的宣传教育需要落实到位，尽量让每个农村居民了解并掌握一些基本的节能知识，鼓励和引导农村居民在日常生活中主动利用这些知识进行节能。

四、培养农村居民的节能习惯

从安全、健康和经济角度，对农村居民进行节能宣传教育，培养农村居民的节能习惯。首先，通过向居民播放用能习惯不好导致火灾的典型案例，告知农村居民日常生活中的不良用能习惯带来的安全隐患，如用完电器不关闭电源容易造成火灾等，从安全角度促使农村居民改变日常用能习惯，同时介绍一些既节能又安全的用能知识，培养农村居民的节能习惯。其次，通过介绍一些节能有助于个人身体健康的知识（如：开着灯睡觉影响身体健康等），从健康的角度唤醒农村居民的节能意识。最后，加大节能政策宣传的力度，尤其是节能激励政策（如“阶梯电价”），使农村居民知晓节能政策，从经济角度驱动农村居民养成节能的习惯。

五、引导和培育积极的社会规范

宣传教育正确引导社会风气，通过电视、广播、网络等媒体，倡导人与自然和谐相处、保护环境的价值观；健康自然、绿色生活的生活观；杜绝浪费、炫耀性消费以及奢侈性消费的消费观，在全社会范围内形成适度合理消费、节约资源、保护环境的共识性认知。政府还要有意识地引导干部、党员以及公众人物节能，塑造他们积极节能的正面形象，通过加大媒体的宣传，营造节能光荣、浪费能源可耻的社会风气，形成积极的社会规范，引导更多的农村居民节能。

六、培养和塑造中国传统文化价值观

文化对个体行为的影响主要在于它为个体的行为设置了规范，而规范源于文化价值观。中国传统文化价值观产生一定的社会规范，从而影响个体的行为。中国传统文化教育对于培养和塑造中国传统文化价值观至关重要。中国文化价值观涵盖了人对自然、人对社会与他人、人对自我的认知和价值判断，农村居民实施节能行为的最终目的是人对自我健康和安全、人对自然环境的关注和保护。因此，要系统地开展中国传统文化教育，建议在幼儿园、小学以及中学教育中加强中国传统文化的学习，尤其是中国传统文化中有利于生态文明和环境保护积极理念的学习，从而培养和塑造学生的中国传统文化价值观。此外，采用农村居民接受和认可的宣传方式，传播中国传统文化，加强中国传统文化中有利于环境保护的价值观教育，增强农村居民的环境意识，培养农村居民的中国传统文化价值观。

七、引导农村居民进行住宅节能投资

加强住宅节能和绿色住宅的宣传教育，通过发放建筑节能和绿色建筑宣传单或小册子，组织农村居民学习，通过讲解让农村居民了解节能住宅的优惠政策及其意义，知晓什么是节能建筑，知道如何节能。通过对比普通住宅建设成本和节能住宅建设成本，让农村居民意识到进行住宅节能在经济上是划算的，住宅节能投资多花的钱在使用过程中很快就会回收回来，让他们感到一次性节能投资，终身受益，从而提高农村居民住宅节能的积极性。政府还要有意识鼓励和引导收入水平高的农村居民率先建设节能住宅，对建设节能住宅的农村居民进行精神奖励，组织农村居民参观节能住宅，让农村居民真正感受到住宅节能的益处，发挥典型示范作用，以带动更多的农村居民建设节能住宅。

八、提高节能政策的宣传效果

虽然通过电视、广播、微信、微博等媒体渠道对节能政策进行了宣传，但调研发现，仍有部分农村居民不了解节能政策。因此，应在完善节能政策宣传体系和加大宣传力度的同时，建立宣传效果评估体系。丰富节能政策宣传教育的类型和方式，在宣传教育后，通过抽样调查农村居民，评估节能政策宣传效果。根据评估结果，确定重点地区和重点人群，对重点地区和重点人群进行第二轮宣传教育，然后再进行评估，如此反复，将宣传教育工作落实到位。与此同时，还要创新宣传教育的方式，通过在村里组织开展节能政策竞赛、评比节能模范家庭等活动，鼓励和引导农村居民参加节能政策宣传活动，让农村居民知晓并认可节能政策，提高节能政策的宣传效果。

九、提升节能政策实施力度和效度

政府应鼓励技术创新以开发家庭用能相关信息平台，为用户提供实时用能信息，并附加相应的节能建议，供用户抉择。鼓励农村居民制定节能目标，根据信息平台提供的用能信息和相应的节能建议，自觉节能。政府还应鼓励智能家电的发展，农村居民通过监测家电设备的能源使用情况，使居民能够根据家庭的用能信息和节能目标进行家庭能耗管理，从而实现家庭节能。通过税收减免方式激励高效节能产品生产企业进行技术创新，降低高效节能产品的生产成本和市场价格，使更多的农村居民有能力购买高效节能产品。

附　录

问卷编号：＿＿＿＿＿＿＿　　　　　　　　　　　　录入员：＿＿＿＿

农村居民节能行为调查问卷

农民朋友，您好：

本次问卷是为完成国家课题研究而设置的，您的自愿如实回答将对课题组提出的政策建议具有重要价值。所有回答不分对错。课题组向您郑重承诺，绝不会泄露您的隐私，也不会给您带来任何麻烦。

被访者签名：＿＿＿　　身份证号：＿＿＿＿＿＿＿

联系电话：＿＿＿＿＿＿

家庭住址：＿＿＿市（区）＿＿＿乡（镇）＿＿＿村＿＿＿小组

一、请根据您日常的行为，勾选出与您的做法最接近的选项（打√即可）

①=完全不同意；②=比较不同意；③=有点不同意；④=不确定；⑤=有点同意；⑥=比较同意；⑦=完全同意

题号	项目	完全不同意←→完全同意
1	我离开房间时，会随手关灯	①　②　③　④　⑤　⑥　⑦
2	家用电器不使用时，我会关闭电源	①　②　③　④　⑤　⑥　⑦
3	小件衣物我会手洗，大件衣物才使用洗衣机	①　②　③　④　⑤　⑥　⑦
4	我做饭时，注意调节火苗以减少燃气浪费	①　②　③　④　⑤　⑥　⑦
5	一天以上没人在家时，我会关掉总电闸	①　②　③　④　⑤　⑥　⑦

续表

①=完全不同意;②=比较不同意;③=有点不同意;④=不确定;⑤=有点同意;⑥=比较同意;⑦=完全同意

题号	项目	完全不同意←→完全同意
6	我在看电视、用电脑时，主动调低屏幕的亮度	① ② ③ ④ ⑤ ⑥ ⑦
7	我会尽可能地少用家用电器（如电视、电扇、洗衣机、取暖器等）	① ② ③ ④ ⑤ ⑥ ⑦
8	我使用空调或电扇时，会通过增减衣物来适应室温以减少能耗	① ② ③ ④ ⑤ ⑥ ⑦
9	条件允许情况下，我会选择公交、骑车或步行方式出行	① ② ③ ④ ⑤ ⑥ ⑦
10	我会尽量减少冰箱的开关门次数	① ② ③ ④ ⑤ ⑥ ⑦
11	我会尽量选择购买当季的蔬菜和水果	① ② ③ ④ ⑤ ⑥ ⑦
12	我会尽量选择本地产的蔬菜和水果	① ② ③ ④ ⑤ ⑥ ⑦
13	我会选择购买简单包装的商品	① ② ③ ④ ⑤ ⑥ ⑦
14	我家购买的灯具，大都是节能灯	① ② ③ ④ ⑤ ⑥ ⑦
15	我家买的空调、冰箱等家电产品大都是节能型的	① ② ③ ④ ⑤ ⑥ ⑦
16	我家购买的厨卫设施，大都是节能型产品	① ② ③ ④ ⑤ ⑥ ⑦
17	买家电时我会首选有节能标签的产品	① ② ③ ④ ⑤ ⑥ ⑦
18	我家购买了太阳能热水器	① ② ③ ④ ⑤ ⑥ ⑦
19	我会主动购买使用新能源的产品（如新能源汽车）	① ② ③ ④ ⑤ ⑥ ⑦
20	在购买电器时，我会注意电器的能耗标识	① ② ③ ④ ⑤ ⑥ ⑦
21	住宅装修或装饰时，我购买的是节能环保型材料	① ② ③ ④ ⑤ ⑥ ⑦
22	我会在住宅节能上主动投资	① ② ③ ④ ⑤ ⑥ ⑦
23	购房时，我会购买有节能设计的住房	① ② ③ ④ ⑤ ⑥ ⑦
24	在做新房时我会考虑住宅的节能设计（如自然采光、通风等）	① ② ③ ④ ⑤ ⑥ ⑦
25	我会主动向亲朋好友或邻居建议节能，分享节能经验	① ② ③ ④ ⑤ ⑥ ⑦
26	我会主动阻止他人的能源浪费行为	① ② ③ ④ ⑤ ⑥ ⑦
27	我参加了“世界节能日”活动	① ② ③ ④ ⑤ ⑥ ⑦
28	我参加了“地球一小时”的全球熄灯一小时活动	① ② ③ ④ ⑤ ⑥ ⑦

二、请根据您自身的判断或想法，勾选出一个您认为最恰当的选项（打√即可）

①=完全不同意；②=比较不同意；③=有点不同意；④=不确定；⑤=有点同意；⑥=比较同意；⑦=完全同意

题号	项目	完全不同意←→完全同意
1	明年我会参加“地球一小时”全球熄灯活动	① ② ③ ④ ⑤ ⑥ ⑦
2	今后我愿意成为节能宣传的志愿者	① ② ③ ④ ⑤ ⑥ ⑦
3	今后我会关掉不用的电器电源，减少待机能耗	① ② ③ ④ ⑤ ⑥ ⑦
4	只要时间财力允许，我愿意购买节能产品	① ② ③ ④ ⑤ ⑥ ⑦
5	我愿意改变日常用能的习惯，节约能源	① ② ③ ④ ⑤ ⑥ ⑦
6	我打算从事节能活动	① ② ③ ④ ⑤ ⑥ ⑦
7	我将努力节约能源	① ② ③ ④ ⑤ ⑥ ⑦

三、请根据您对相关知识的了解情况，勾选出一个您认为最恰当的选项（打√即可）

“完全不知道”打1分，“完全知道”打7分

题号	项目	完全不知道←→完全知道
1	电器设备待机时的耗电量，一般为其开机耗电量的10%左右	① ② ③ ④ ⑤ ⑥ ⑦
2	在电源开关未关闭的情况下，家用电器内部的红外线接收遥控电路还处于待机状态，电器仍在耗电	① ② ③ ④ ⑤ ⑥ ⑦
3	盛夏，空调温度最好设定室内与室外温差为4~5摄氏度，也就是27-28摄氏度，这样节电	① ② ③ ④ ⑤ ⑥ ⑦
4	夏季空调设定温度每调高1度，就可省大约8%的电量	① ② ③ ④ ⑤ ⑥ ⑦
5	冰箱放八成满时，最省电，同时制冷效果最好	① ② ③ ④ ⑤ ⑥ ⑦
6	洗衣机内洗涤的衣物过少和过多都会增加耗电量	① ② ③ ④ ⑤ ⑥ ⑦

四、请根据您自身的判断或想法，从四个“名词”中勾选出一个您认为最重要的“名词”（打√即可）

题号	项目	经济	保护环境	健康	安全
1	您随手关灯时，最重要的原因是：				
2	您出远门关电总闸，最重要的原因是：				
3	您少用电器时，最重要的原因是：				
4	您购买节能电器时，最重要的原因是：				
5	您建议他人节能，最重要的原因是：				

五、请根据您自身的判断或想法，勾选出一个您认为最恰当的选项（打√即可）

①=完全不同意；②=比较不同意；③=有点不同意；④=不确定；⑤=有点同意；⑥=比较同意；⑦=完全同意

题号	项目	完全不同意←→完全同意
1	“节能”可以节约开支	① ② ③ ④ ⑤ ⑥ ⑦
2	“节能”能够给我带来非常大的精神满足	① ② ③ ④ ⑤ ⑥ ⑦
3	“节能”有助于减少不可避免的环境污染	① ② ③ ④ ⑤ ⑥ ⑦
4	我不太注意用能多少，该用就用	① ② ③ ④ ⑤ ⑥ ⑦
5	夏季，只要觉得热，我就会使用制冷设备（如电风扇、空调等）	① ② ③ ④ ⑤ ⑥ ⑦
6	冬季，只要觉得冷我就会使用取暖设备（如电暖气、空调等）	① ② ③ ④ ⑤ ⑥ ⑦
7	与节能相比，我觉得生活的舒适性更重要	① ② ③ ④ ⑤ ⑥ ⑦
8	我有义务节约能源，减少碳排放	① ② ③ ④ ⑤ ⑥ ⑦
9	我愿为节能做出贡献	① ② ③ ④ ⑤ ⑥ ⑦
10	为了节能，我愿意牺牲一些个人利益	① ② ③ ④ ⑤ ⑥ ⑦
11	看到有人做出有损环境的行为，我会主动劝阻	① ② ③ ④ ⑤ ⑥ ⑦
12	节能有利于缓解能源短缺问题	① ② ③ ④ ⑤ ⑥ ⑦

续表

①=完全不同意；②=比较不同意；③=有点不同意；④=不确定；⑤=有点同意；⑥=比较同意；⑦=完全同意		
题号	项目	完全不同意⟷完全同意
13	使用节能产品能够缓解污染	① ② ③ ④ ⑤ ⑥ ⑦
14	新能源汽车能降低对石油的依赖	① ② ③ ④ ⑤ ⑥ ⑦
15	节能可以减少污染（如二氧化碳排放），有助于身体健康	① ② ③ ④ ⑤ ⑥ ⑦
16	节能家电技术不成熟	① ② ③ ④ ⑤ ⑥ ⑦
17	新能源家电技术不成熟	① ② ③ ④ ⑤ ⑥ ⑦
18	新能源汽车的性能不够稳定和可靠	① ② ③ ④ ⑤ ⑥ ⑦

六、请根据您自身的判断或想法，勾选出一个您认为最恰当的选项（打√即可）

①=完全不同意；②=比较不同意；③=有点不同意；④=不确定；⑤=有点同意；⑥=比较同意；⑦=完全同意		
题号	项目	完全不同意⟷完全同意
1	能源消耗是导致环境问题的一个主要因素	① ② ③ ④ ⑤ ⑥ ⑦
2	急需解决能源消耗造成的环境污染问题	① ② ③ ④ ⑤ ⑥ ⑦
3	我非常担忧能源消耗所带来的环境问题	① ② ③ ④ ⑤ ⑥ ⑦
4	能源消耗会对全球气候产生负面影响	① ② ③ ④ ⑤ ⑥ ⑦
5	我意识到石油等能源使用时会污染环境，比如雾霾	① ② ③ ④ ⑤ ⑥ ⑦
6	我知道节能有助于保护环境	① ② ③ ④ ⑤ ⑥ ⑦
7	我觉得有责任节能	① ② ③ ④ ⑤ ⑥ ⑦
8	不管别人怎么做，我觉得有义务节能，因为这是我的原则	① ② ③ ④ ⑤ ⑥ ⑦
9	在能源消费中，我的观念是保护环境	① ② ③ ④ ⑤ ⑥ ⑦
10	我节能的目的是保护环境	① ② ③ ④ ⑤ ⑥ ⑦
11	我计划通过节能来保护环境	① ② ③ ④ ⑤ ⑥ ⑦
12	为了保护环境，我每天都会节能	① ② ③ ④ ⑤ ⑥ ⑦
13	节能是我日常生活的一部分	① ② ③ ④ ⑤ ⑥ ⑦

续表

①=完全不同意；②=比较不同意；③=有点不同意；④=不确定；⑤=有点同意；⑥=比较同意；⑦=完全同意		
题号	项目	完全不同意⟷完全同意
14	我节能是不需要思考的事情	① ② ③ ④ ⑤ ⑥ ⑦
15	随手关灯是自然而然的事情	① ② ③ ④ ⑤ ⑥ ⑦
16	我有节能的习惯	① ② ③ ④ ⑤ ⑥ ⑦
17	节能已经成为我的习惯	① ② ③ ④ ⑤ ⑥ ⑦
18	购买节能型家电是我的习惯	① ② ③ ④ ⑤ ⑥ ⑦
19	购买家电时，我习惯购买节能型产品	① ② ③ ④ ⑤ ⑥ ⑦

七、请根据您自身的判断或想法，勾选出一个您认为最恰当的选项（打√即可）

①=完全不同意；②=比较不同意；③=有点不同意；④=不确定；⑤=有点同意；⑥=比较同意；⑦=完全同意		
题号	项目	完全不同意⟷完全同意
1	如果我想尽力去节能，总是能够达成目标	① ② ③ ④ ⑤ ⑥ ⑦
2	对我来说，节能是轻而易举的	① ② ③ ④ ⑤ ⑥ ⑦
3	对于我个人来说，做有利于环境的事是非常容易的	① ② ③ ④ ⑤ ⑥ ⑦
4	我完全有能力购买和使用节能产品	① ② ③ ④ ⑤ ⑥ ⑦
5	只要我愿意尽力，就能解决一定的环境问题	① ② ③ ④ ⑤ ⑥ ⑦
6	我有足够的知识和技能来节约能源	① ② ③ ④ ⑤ ⑥ ⑦
7	是否节能完全取决于我自己	① ② ③ ④ ⑤ ⑥ ⑦
8	实施节能行为遇到困难时，我总是能够解决	① ② ③ ④ ⑤ ⑥ ⑦
9	实施节能时，即使我感到有障碍，也不会放弃	① ② ③ ④ ⑤ ⑥ ⑦
10	实施节能时，如果我感觉到很麻烦，就会放弃	① ② ③ ④ ⑤ ⑥ ⑦
11	如果政府不支持，对环境问题，我们普通人是无能为力的	① ② ③ ④ ⑤ ⑥ ⑦
12	只有少数科学家或有权势的人，才能对环境问题改善有所影响	① ② ③ ④ ⑤ ⑥ ⑦

八、请根据您的真实想法，描述您对下列各项“名词”的在意程度（打√即可）

①=完全不同意；②=比较不同意；③=有点不同意；④=不确定；⑤=有点同意；⑥=比较同意；⑦=完全同意

题号	项目	非常不在意⟷非常在意
1	个人财富	① ② ③ ④ ⑤ ⑥ ⑦
2	个人权利	① ② ③ ④ ⑤ ⑥ ⑦
3	个人社会地位	① ② ③ ④ ⑤ ⑥ ⑦
4	社会正义	① ② ③ ④ ⑤ ⑥ ⑦
5	他人利益	① ② ③ ④ ⑤ ⑥ ⑦
6	社会公平	① ② ③ ④ ⑤ ⑥ ⑦
7	保护环境	① ② ③ ④ ⑤ ⑥ ⑦
8	防止污染	① ② ③ ④ ⑤ ⑥ ⑦
9	与自然和谐相处	① ② ③ ④ ⑤ ⑥ ⑦

九、请根据您自身的判断或想法，勾选出一个您认为最恰当的选项（打√即可）

①=完全不同意；②=比较不同意；③=有点不同意；④=不确定；⑤=有点同意；⑥=比较同意；⑦=完全同意

题号	项目	完全不同意⟷完全同意
1	我觉得应该尽量节能	① ② ③ ④ ⑤ ⑥ ⑦
2	我觉得节能对大家都有利	① ② ③ ④ ⑤ ⑥ ⑦
3	我觉得节能是明智的选择	① ② ③ ④ ⑤ ⑥ ⑦
4	我赞成使用节能产品	① ② ③ ④ ⑤ ⑥ ⑦
5	我支持购买和使用节能产品	① ② ③ ④ ⑤ ⑥ ⑦
6	我觉得节能是一种好习惯	① ② ③ ④ ⑤ ⑥ ⑦
7	看到别人浪费能源，我会感到很讨厌	① ② ③ ④ ⑤ ⑥ ⑦

续表

①=完全不同意;②=比较不同意;③=有点不同意;④=不确定;⑤=有点同意;⑥=比较同意;⑦=完全同意

题号	项目	完全不同意←→完全同意
8	看到别人浪费能源，我会感到很气愤	① ② ③ ④ ⑤ ⑥ ⑦
9	我会鄙视那些浪费能源的人	① ② ③ ④ ⑤ ⑥ ⑦
10	如果我不节约能源，我会感到很羞耻	① ② ③ ④ ⑤ ⑥ ⑦
11	如果我不节约能源，我会感到很内疚	① ② ③ ④ ⑤ ⑥ ⑦
12	如果我不节约能源，我会感到很痛心	① ② ③ ④ ⑤ ⑥ ⑦
13	看到别人节约能源，我会很赞许	① ② ③ ④ ⑤ ⑥ ⑦
14	看到别人节约能源，我会很欣赏	① ② ③ ④ ⑤ ⑥ ⑦
15	看到别人节约能源，我会很敬重	① ② ③ ④ ⑤ ⑥ ⑦
16	如果我节约了能源，我会感到很开心	① ② ③ ④ ⑤ ⑥ ⑦
17	如果我节约了能源，我会感到很自豪	① ② ③ ④ ⑤ ⑥ ⑦
18	如果我节约了能源，我会感到很欣慰	① ② ③ ④ ⑤ ⑥ ⑦

十、请根据您自身的判断或想法，勾选出一个您认为最恰当的选项（打√即可）

①=完全不同意;②=比较不同意;③=有点不同意;④=不确定;⑤=有点同意;⑥=比较同意;⑦=完全同意

题号	项目	完全不同意←→完全同意
1	我努力工作是为了我的群体（包括家人、亲戚、朋友等）	① ② ③ ④ ⑤ ⑥ ⑦
2	我认为同伴是否健康快乐对我来说很重要	① ② ③ ④ ⑤ ⑥ ⑦
3	我会随时帮助那些需要帮助的人	① ② ③ ④ ⑤ ⑥ ⑦
4	为了集体的利益我会牺牲自己的利益	① ② ③ ④ ⑤ ⑥ ⑦
5	我们应该与自然和谐相处	① ② ③ ④ ⑤ ⑥ ⑦
6	我们应该理解和崇尚自然	① ② ③ ④ ⑤ ⑥ ⑦
7	我们作为世界的主体，可以随心所欲地利用自然	① ② ③ ④ ⑤ ⑥ ⑦

续表

①=完全不同意；②=比较不同意；③=有点不同意；④=不确定；⑤=有点同意；⑥=比较同意；⑦=完全同意		
题号	项目	完全不同意←→完全同意
8	我们只是自然的一部分	① ② ③ ④ ⑤ ⑥ ⑦
9	乘车的时候我会主动为老人让座	① ② ③ ④ ⑤ ⑥ ⑦
10	良好人际关系比我自己取得成绩更重要	① ② ③ ④ ⑤ ⑥ ⑦
11	对我来说和他人维持融洽关系非常重要	① ② ③ ④ ⑤ ⑥ ⑦
12	我周围人的快乐就是我的快乐	① ② ③ ④ ⑤ ⑥ ⑦
13	我总是尊敬那些谦虚的人	① ② ③ ④ ⑤ ⑥ ⑦
14	我总是尊敬我所交往的领导级人物	① ② ③ ④ ⑤ ⑥ ⑦
15	在教育和职业规划时我会考虑父母长辈意见	① ② ③ ④ ⑤ ⑥ ⑦
16	即使我的观点和集体成员不同，我也尽量避免争论	① ② ③ ④ ⑤ ⑥ ⑦

十一、请根据您自身的判断或想法，勾选出一个您认为最恰当的选项（打√即可）

①=完全不同意；②=比较不同意；③=有点不同意；④=不确定；⑤=有点同意；⑥=比较同意；⑦=完全同意		
题号	项目	完全不同意←→完全同意
1	媒体和村里的宣传让我学会了很多节能的知识和技能	① ② ③ ④ ⑤ ⑥ ⑦
2	媒体的宣传报道，使我意识到节能对于保护环境很重要	① ② ③ ④ ⑤ ⑥ ⑦
3	好的宣传促销活动，会促使我购买节能产品	① ② ③ ④ ⑤ ⑥ ⑦
4	知道如何节能，对我是否节能很重要	① ② ③ ④ ⑤ ⑥ ⑦
5	《公众节能行为指南》对我的节能行为影响很大	① ② ③ ④ ⑤ ⑥ ⑦
6	电价、油价的不断上涨让我越来越注意节电和节油	① ② ③ ④ ⑤ ⑥ ⑦
7	如果开征碳税导致能源涨价，我会更注意节能	① ② ③ ④ ⑤ ⑥ ⑦
8	居民用电价格水平高	① ② ③ ④ ⑤ ⑥ ⑦
9	居民用煤气或煤炭价格水平高	① ② ③ ④ ⑤ ⑥ ⑦
10	高效节能家电价格水平高	① ② ③ ④ ⑤ ⑥ ⑦

十二、请根据您自身的判断或想法，勾选出一个您认为最恰当的选项（打√即可）

①=完全不同意；②=比较不同意；③=有点不同意；④=不确定；⑤=有点同意；⑥=比较同意；⑦=完全同意

题号	项目	完全不同意←→完全同意
1	节能更符合我的身份地位	① ② ③ ④ ⑤ ⑥ ⑦
2	节能符合政府政策的要求	① ② ③ ④ ⑤ ⑥ ⑦
3	节能更符合社会公德的要求	① ② ③ ④ ⑤ ⑥ ⑦
4	节能符合社会发展的潮流	① ② ③ ④ ⑤ ⑥ ⑦
5	朋友、家人的推荐会影响我是否购买节能产品（如：节能家电）	① ② ③ ④ ⑤ ⑥ ⑦
6	为了满足家人及亲朋好友的期望，我会选择购买节能产品	① ② ③ ④ ⑤ ⑥ ⑦
7	购买节能产品会提升我在亲朋好友心中的地位	① ② ③ ④ ⑤ ⑥ ⑦
8	购买节能产品会被其他人尊重	① ② ③ ④ ⑤ ⑥ ⑦
9	相对而言，我在日常生活中比较注重面子	① ② ③ ④ ⑤ ⑥ ⑦
10	面子上好看是我最常考虑的事情	① ② ③ ④ ⑤ ⑥ ⑦
11	我常出于维护面子而调整或改变自身行为	① ② ③ ④ ⑤ ⑥ ⑦
12	节能让人觉得您很小气，有损面子	① ② ③ ④ ⑤ ⑥ ⑦
13	我认为我有道义上的责任来节约能源	① ② ③ ④ ⑤ ⑥ ⑦
14	在公众场所节约能源取决于我自已的道德义务	① ② ③ ④ ⑤ ⑥ ⑦
15	如果我不能在公众场所节约能源，我会感到不高兴	① ② ③ ④ ⑤ ⑥ ⑦
16	在公众场所不节约能源会违反我的道德准则	① ② ③ ④ ⑤ ⑥ ⑦
17	我的家人已经参与了节能行动	① ② ③ ④ ⑤ ⑥ ⑦
18	我认识的许多人都参与了节能行为	① ② ③ ④ ⑤ ⑥ ⑦
19	我的邻居和朋友已经采取行动来节约能源	① ② ③ ④ ⑤ ⑥ ⑦
20	其他对我很重要的人也参与了节能行为	① ② ③ ④ ⑤ ⑥ ⑦
21	我周围的人大都认为应该节约能源	① ② ③ ④ ⑤ ⑥ ⑦
22	浪费能源的行为会受到周围人的批评	① ② ③ ④ ⑤ ⑥ ⑦
23	参与节能活动是件光荣的事	① ② ③ ④ ⑤ ⑥ ⑦

十三、请根据您自身的判断或想法，勾选出一个您认为最恰当的选项（打√即可）

①=完全不同意；②=比较不同意；③=有点不同意；④=不确定；⑤=有点同意；⑥=比较同意；⑦=完全同意

题号	项目	完全不同意←→完全同意
1	我了解“阶梯电价政策”	① ② ③ ④ ⑤ ⑥ ⑦
2	我了解新能源汽车补贴政策	① ② ③ ④ ⑤ ⑥ ⑦
3	我了解到贴有“节能产品惠民工程”标识的产品均可享受补贴	① ② ③ ④ ⑤ ⑥ ⑦
4	我了解“高效节能家电补贴政策”	① ② ③ ④ ⑤ ⑥ ⑦
5	我了解每年开展的《节能宣传周活动》	① ② ③ ④ ⑤ ⑥ ⑦
6	我了解《公众节能行为指南》	① ② ③ ④ ⑤ ⑥ ⑦
7	节能产品或节能宣传的小册子会使我更关注节能	① ② ③ ④ ⑤ ⑥ ⑦
8	媒体中的节能产品或节能介绍会使我更关注节能	① ② ③ ④ ⑤ ⑥ ⑦
9	节能标识会促使我购买节能产品	① ② ③ ④ ⑤ ⑥ ⑦
10	节能教育和节能宣传有助于我节能	① ② ③ ④ ⑤ ⑥ ⑦
11	电费详细账单和即时用电量等用能信息有助于我节能	① ② ③ ④ ⑤ ⑥ ⑦
12	如政府对节能产品进行补贴，我更愿意购买节能产品（如家电、太阳能热水器等）	① ② ③ ④ ⑤ ⑥ ⑦
13	如果对节能行为进行相关奖励的话，我会更积极去节能	① ② ③ ④ ⑤ ⑥ ⑦
14	如果政府提高电价，我会减少电器的使用时间	① ② ③ ④ ⑤ ⑥ ⑦
15	如果政府相关规章制度要求必须节能，那我肯定会照办	① ② ③ ④ ⑤ ⑥ ⑦
16	如果政府规定使用一些节能环保的材料（如节能灯、节能建材、节能家电等），我会使用	① ② ③ ④ ⑤ ⑥ ⑦
17	我在家电使用过程中会考虑“阶梯电价政策”	① ② ③ ④ ⑤ ⑥ ⑦
18	我在购买家电时会考虑“高效节能家电补贴政策”	① ② ③ ④ ⑤ ⑥ ⑦
19	“小排量节能汽车补贴政策”会影响我的购车决定	① ② ③ ④ ⑤ ⑥ ⑦
20	有“节能产品惠民工程补贴政策”标识产品可享受补贴会影响我的购买决定	① ② ③ ④ ⑤ ⑥ ⑦
21	我认为节能政策宣传力度很大	① ② ③ ④ ⑤ ⑥ ⑦

续表

①=完全不同意；②=比较不同意；③=有点不同意；④=不确定；⑤=有点同意；⑥=比较同意；⑦=完全同意

题号	项目	完全不同意←→完全同意
22	我认为节能政策执行到位	① ② ③ ④ ⑤ ⑥ ⑦
23	我认为节能产品补贴政策力度很大	① ② ③ ④ ⑤ ⑥ ⑦
24	我认为电费详细账单和即时用电量等用能信息容易获取	① ② ③ ④ ⑤ ⑥ ⑦
25	我认为用能信息有助于我节能	① ② ③ ④ ⑤ ⑥ ⑦

基本信息

1. 您的性别：□男　　□女
2. 您的婚姻状况：□已婚　　□未婚
3. 您的年龄：______岁
4. 您上过几年学？（没上过填“0”）______年
5. 您 2017 年可支配收入大约为________元
6. 您的家庭成员构成：□一人独居　　□夫妻二人和子女　　□夫妻二人、子女和父母同住　　□与他人同住
7. 您是否做过村干部（包括曾经做过）：□是　　□否
8. 您家住在什么地方？□传统农村　□乡镇　□县城　□打工所在地
9. 您是否外出打工过？□是　　□否

本问卷到此结束，我们再次表示衷心的感谢！

参考文献

[1] Abraham C., Sheeran P. Deciding to exercise: The role of anticipated regret [J]. British Journal of Health Psychology, 2004, 9 (2): 269-278.

[2] Abrahamse W., Steg L. How do socio-demographic and psychological factors relate to households' direct and indirect energy use and savings? [J]. Journal of Economic Psychology, 2009, 30 (5): 711-720.

[3] Ajzen I. Nature and operation of attitudes [J]. Annual Review of Psychology, 2001, 52 (1): 27-58.

[4] Ajzen I. The theory of planned behavior [J]. Organizational Behavior and Human Decision Processes, 1991, 50 (2): 179-211.

[5] Ajzen I. Perceived behavioral control, self-efficacy, locus of control, and the theory of planned behavior [J]. Journal of Applied Social Psychology, 2002, 32 (4): 665-683.

[6] Alibeli N., Johnson C. Environmental concern: A cross national analysis [J]. Journal of International and Cross-cultural Studies, 2009, 3 (1): 1-10.

[7] Amstalden R. W., Kost M., Nathani C., et al. Economic potential of energy-efficient retrofitting in the Swiss residential building sector: The effects of policy instruments and energy price expectations [J]. Energy Policy, 2007, 35 (3): 1819-1829.

[8] Armitage C. J., Conner M. Efficacy of the theory of planned behavior: A meta-analytic review [J]. The British Psychological Society, 2001 (40): 471-499.

[9] Aydinalp M., Ugursal V. I., Fung A. S. Modeling of the appliance, lighting, and space-cooling energy consumptions in the residential sector using neural networks [J]. Applied Energy, 2002, 71 (2): 87-110.

[10] Bai Y., Liu Y. An exploration of residents' low-carbon awareness and behavior in Tianjin, China [J]. Energy Policy, 2013, 61 (10): 1261-1270.

[11] Bamberg S. Implementation intention versus monetary incentive comparing the effects of interventions to promote the purchase of organically produced food [J]. Journal of Economic Psychology, 2002, 23 (5): 573-587.

[12] Barr S., Gilg A. W., Ford N. The household energy gap: Examining the divide between habitual-and purchase-related conservation behaviours [J]. Energy Policy, 2005, 33 (11): 1425-1444.

[13] Barr S. What we buy, what we throw away and how we use our voice, sustainable household waste management in the UK [J]. Sustainable Development, 2004 (12): 32-44.

[14] Bohlen G., Schlegelmilch B. B., Diamantopoulos A. Measuring ecological concern: A multi-construct perspective [J]. Journal of Marketing Management, 1993, 9 (4): 415-430.

[15] Bowles S., Polania-Reyes S. Economic incentives and social preferences: Substitutes or complements? [J]. Journal of Economic Literature, 2012, 50 (2): 368-425.

[16] Bozoglu M., Bilgic A., Topuz B. K., et al. Factors affecting the students' environmental awareness, attitudes and behaviors in Ondokuz Mayis University, Turkey [J]. Fresenius Environmental Bulletin, 2016, 25 (4): 1243-1257.

[17] Brenčič V., Young D. Time-saving innovations, time allocation, and energy use: Evidence from Canadian households [J]. Ecological Economics, 2009, 68 (11): 2859-2867.

[18] Carlsson-Kanyama A., Lindén A. L., Eriksson B. A behavioral model of residential energy use [J]. Issue International Journal of Consumer Studies, 2005, 29 (3): 239-253.

[19] Carrico A. R., Riemer M. Motivating energy conservation in the workplace: An evaluation of the use of group-level feedback and peer education [J]. Journal of Environmental Psychology, 2011, 31 (1): 1-13.

[20] Casaló E., Rodriguez S. Analyzing differences between different types of pro-environmental behaviors: Do attitude intensity and type of knowledge matter? [J]. Resources Con servation and Recycling, 2019, 149 (10): 56-64.

[21] Chan R. Y. K. Determinants of Chinese consumers' green purchase behavior [J]. Psychology and Marketing, 2010, 18 (4): 389-413.

[22] Chan R. Y. K. , Lau L. B. Y. Antecedents of green purchases: Asurvey in China [J]. Journal of Consumer Marketing, 2000, 17 (4): 338-357.

[23] Chan R. Y. K. , Lau L. B. Y. Explaining green purchasing behavior: A cross-cultural study on American and Chinese consumer [J]. Journal of International Consumer Marketing, 2001, 14 (2): 9-40.

[24] Chang C. T. Are guilt appeals a panacea in green advertising? The right formula of issue proximity and environmental consciousness [J]. International Journal of Advertising, 2012, 31 (4): 741-771.

[25] Chen Y. S. , Chang C. H. Enhance green purchase intentions: The roles of green perceived value, green perceived risk, and green trust [J]. Management Decision, 2012, 50 (3): 502-520.

[26] ChristineB. , Rory J. V. , Sabine P. , et al. Do psychological factors relate to energy saving behaviours in inefficient and damp homes? A study among English social housing residents [J]. Energy Research & Social Science, 2019 (47): 146-155.

[27] Claudy M. C. , Peterson M. , Driscoll A. Understanding the attitude-behavior gap for renewable energy systems using behavioral reasoning theory [J]. Journal of Macromarketing, 2013, 33 (4): 273-287.

[28] Conner M. , McEachan R. , Lawton R. , et al. Basis of intentions as a moderator of the intention-health behavior relationship [J]. Health Psychology, 2016, 35 (3): 219-227.

[29] Conner M. , Sandberg T. , McMillan B. , et al. Role of anticipated regret, intentions and intention stability in adolescent smoking initiation [J]. British Journal of Health Psychology, 2006, 11 (1): 85-101.

[30] Curtis F. , Simpson-Housley P. , Drever S. Household energy conservation [J]. Energy Policy, 1984, 12 (4): 452-456.

[31] Darby S. Social learning and public policy: Lessons from anenergy-conscious village [J]. Energy Policy, 2006, 34 (17): 2929-2940.

[32] DeWaters J. E. , Powers S. E. Energy literacy of secondary students in New York State (USA): A measure of knowledge, affect, and behavior [J]. Energy Policy, 2011, 39 (3): 1699-1710.

[33] Dillman D. A. , Rosa E. A. , Dillman J. J. Lifestyle and home energy con-

servation in the United States: The poor accept lifestyle cutbacks while the wealthy invest in conservation [J]. Journal of Economic Psychology, 1983, 3 (3): 299-315.

[34] Ding Z., Wang G., Liu Z., et al. Research on differences in the factors influencing the energy-saving behavior of urban and rural residents in China—A case study of Jiangsu Province [J]. Energy Policy, 2017, 100 (1): 252-259.

[35] Doll J., Ajzen I. Accessibility and stability of predictors in the theory of planned behavior [J]. Journal of Personality and Social Psychology, 1992, 63 (5): 754-765.

[36] Donald I. J., Cooper S. R., Conchie S. M. An extended theory of planned behaviour model of the psychological factors affecting commuters' transport mode use [J]. Journal of Environmental Psychology, 2014 (40): 39-48.

[37] Dunlap R. E., Jones R. E. Environmental concern: Conceptual and measurement issues [M]. Westport CT: Greenwood, 2002: 482-524.

[38] Dunlap R. E., Van L. K. D. The new environmental paradigm [J]. Journal of Environmental Education, 1978 (9): 10-19.

[39] Dunlap R. E., Van L. K. D., Mertig A. G., et al. Measuring endorsement of the new ecological paradigm: A revised NEP scale [J]. Journal of Social Issues, 2000, 56 (3): 425-442.

[40] Egmond C., Jonkers R., Kok G. A strategy to encourage housing associations to invest in energy conservation [J]. Energy Policy, 2005, 33 (18): 2374-2384.

[41] Ek K., Söderholm P. The devil is in the details: Household electricity saving behavior and the role of information [J]. Energy Policy, 2010, 38 (3): 1578-1587.

[42] Farrow K., Grolleau G., Ibanez L. Social norms and pro-environmental behavior: A review of the evidence [J]. Ecological Economics, 2017 (140): 1-13.

[43] Fischer A., Peters V., Vávra J., et al. Energy use, climate change and folk psychology: Does sustainability have a chance? Results from a qualitative study in five European countries [J]. Global Environmental Change, 2011, 21 (3): 1025-1034.

[44] Fornara F., Pattitoni P., Mura M., et al. Predicting intention to improve

household energy efficiency: The role of value-belief-norm theory, normative and informational influence, and specific attitude [J]. Journal of Environmental Psychology, 2016 (45): 1-10.

[45] Frey B. S., Jegen R. Motivation crowding theory [J]. Journal of Economic Surveys, 2002, 15 (5): 589-611.

[46] Frick J., Kaiser F. G., Wilson M. Environmental knowledge and conservation behavior: Exploring prevalence and structure in a representative sample [J]. Personality and Individual Differences, 2004, 37 (8): 1597-1613.

[47] Gadenne D., Sharma B., Kerr D., et al. The influence of consumers' environmental beliefs and attitudes on energy saving behaviors [J]. Energy Policy, 2011, 39 (12): 7684-7694.

[48] Gaspar R., Antunes D. Energy efficiency and appliance purchases in Europe: Consumer profiles and choice determinants [J]. Energy Policy, 2011, 39 (11): 7335-7346.

[49] Gatersleben B., Steg L., Vlek C. Measurement and determinants of environmentally significant consumer Behavior [J]. Environmental Behavior, 2002 (34): 335-362.

[50] Geng J. C., Long R. Y., Chen H., et al. Exploring the motivation-behavior gap in urban residents' green travel behavior: A theoretical and empirical study [J]. Resources, Conservation and Recycling, 2017, 125 (10): 282-292.

[51] Godin G., Germain M., Conner M, et al. Promoting the return of lapsed blood donors: A seven-arm randomized controlled trial of the question-behavior effect [J]. Health Psychology, 2014, 33 (7): 646-655.

[52] Goffman E. The presentation of self in everyday life [M]. New York: Garden City, 1959.

[53] Goh E., Ritchie B., Wang J. Non-compliance in national parks: An extension of the theory of planned behaviour model with pro-environmental values [J]. Tourism Management, 2017 (59): 123-127.

[54] Green L. W., Ottoson J. M. A framework for planning and evaluation: Precede-proceed evolution and application of the model [DB/OL]. 10es ans journees de santé publique, Montreal, Quebec, 2006-10-25.

[55] Groot J. I. M. D., Steg L. Relationships between value orientations, self-

determined motivational types and pro-environmental behavioural intentions [J]. Journal of Environmental Psychology, 2010, 30 (4): 368-378.

[56] Guagnano G. A., Stern P. C., Dietz T. Influences on attitude-behavior relationships: A natural experiment with curbside recycling [J]. Environment and Behavior, 1995, 27 (5): 699-718.

[57] Gyberg P., Palm J. Influencing household' s energy behavior: How is this done and on what premises? [J]. Energy Policy, 2009 (37): 2807-2813.

[58] Gynther L., Mikkonen I., Smits A. Evaluation of European energy behavioural change programmes [J]. Energy Efficiency, 2012, 5 (1): 67-82.

[59] Han Q., Nieuwenhijsen I., Vries B. D., et al. Intervention strategy to stimulate energy-saving behavior of local residents [J]. Energy Policy, 2013, 52 (1): 706-715.

[60] Harth N. S., Leach C. W., Kessler T. Guilt, anger, and pride about in-group environmental behaviour: Different emotions predict distinct intentions [J]. Journal of Environmental Psychology, 2013 (34): 18-26.

[61] Hawkins D. I., Mothersbaugh D. L. Consumer behavior: Building marketing strategy [M]. New York: McGraw-Hill, 2011.

[62] Hines J. M., Hungerford H. R., Tomera A. N. Analysis and synthesis of research on responsible environmental behavior: A meta-analysis [J]. Journal of Environmental Education, 1987, 18 (2): 1-8.

[63] Ho D. Y. On the concept of face [J]. American Journal of Sociology, 1976 (81): 867-884.

[64] Hong J., She Y., Wang S. Y., et al. Impact of psychological factors on energy-saving behavior: Moderating role of government subsidy policy [J]. Journal of Cleaner Production, 2019, 232 (20): 154-162.

[65] Howell R. A. It's not (just) "The environment, stupid!" Values, motivations, and routes to engagement of people adopting lower-carbon lifestyles [J]. Global Environmental Change, 2013, 23 (4): 281-290.

[66] Hunecke M., Blobaum A., Matthies E., et al. Responsibility and environment ecological norm orientation and external factors in the domain of travel mode choice behavior [J]. Environment and Behavior, 2001, 33 (6): 830-852.

[67] Jagodič G., Dermol V., Breznik K., et al. Factors of green purchasing

behaviour [J]. International Journal of Innovation and Learning, 2016, 20 (2): 138-158.

[68] Johan M., Lundqvist L. J., Sundström A. Energy saving in swedish households. The (relative) importance of environmental attitudes [J]. Energy Policy, 2011, 39 (9): 5182-5191.

[69] Johansson M. A behavioral science framework for regulating household waste separation [D]. Aarhus: The Aarhus School of Business, 1993.

[70] Kaiser F. G., Wolfing S., Fuhrer U. Environmental attitude and ecological behavior [J]. Journal of Environmental Psychology, 1999 (19): 1-19.

[71] Karlijin L., Brook V. D., Walker I., et al. Drivers of energy saving behaviour: The relative influence of intentional, normative, situational and habitual processes [J]. Energy Policy, 2019, 132 (9): 811-819.

[72] Kashima Y., Gallois C., McCamish M. The theory of reasoned action and cooperative behavior: It takes two to use a condom [J]. British Journal of Social Psychology, 1993, 32 (3): 227-239.

[73] Keer M., Conner M., Putte B., et al. The temporal stability and predictive validity of affect-based and cognition-based intentions [J]. British Journal of Social Psychology, 2014, 53 (2): 315-327.

[74] Klöckner C. A., Blöbaum A. A comprehensive action determination model: Toward a broader understanding of ecological behaviour using the example of travel mode choice [J]. Journal of Environmental Psychology, 2010, 30 (4): 574-586.

[75] Kluckhohn C. The Study of Culture [M]. Stanford: Stanford University Press, 1951: 86-101.

[76] Krey V., O' Neill B. C., Ruijven B. V., et al. Urban and rural energy use and carbon dioxide emissions in Asia [J]. Energy Economics, 2012, 34 (3): 272-283.

[77] Kuhl J., Quirin M. Seven steps toward freedom and two ways to lose it: Overcoming limitations of intentionality through self-confrontational coping with stress [J]. Social Psychology, 2011, 42 (1): 74-84.

[78] Lacasse K. Don't be satisfied, identify! Strengthening positive spillover by connecting pro-environmental behaviors to an "environmentalist" label [J]. Journal of Environmental Psychology, 2016, 48 (12): 149-158.

[79] Laroche M., Bergeron J., Barbaro-Forleo G. Targeting consumers who are willing to pay more for environmentally friendly products [J]. Journal of Consumer Marketing, 2001, 18 (6): 503-520.

[80] Larson L. R., Stedman R. C., Cooper C. B., et al. Understanding the multi-dimensional structure of pro-environmental behavior [J]. Journal of Environmental Psychology, 2015, 43 (9): 112-124.

[81] Li D., Ma S., Shao S., et al. What influences an individual's pro-environmental behavior? A literature review [J]. Resources Conservation and Recycling, 2019, 146 (7): 28-34.

[82] Li L. Y. Effects of collectivist orientation and ecological attitude on actual environmental commitment: The moderating role of consumer demographics and product involvement [J]. Journal of International Consumer Marketing, 1997, 9 (4): 31-53.

[83] Lindén A. L., Klintman M. The formation of green identities-consumers and providers [A]. In: Biel A, Hanson B, Martensson M. Individual and structural determinants of environmental practice [M]. London: Ashgate Publishers, 2003: 66-90.

[84] Lindén A., Carlsson-Kanyama A., Eriksson B. Efficient and inefficient aspects of residential energy behaviour: What are the policy instruments for change? [J]. Energy Policy, 2006, 34 (12): 1918-1927.

[85] Long J. An econometric analysis of residential expenditures on energy conservation and renewable energy sources [J]. Energy Economics, 1993, 15 (4): 232-238.

[86] Ma G., Andrews-Speed P., Zhang J. Chinese consumer attitudes towards energy saving: The case of household electrical appliances in Chongqing [J]. Energy Policy, 2013 (56): 591-602.

[87] Maloney M. P., Ward M. P., Braucht G. N. Psychology in action: A revised scale for the measurement of ecological attitudes and knowledge [J]. American Psychologist, 1975, 30 (7): 787-790.

[88] Markus H. R., Kitayama S. Culture and the self: Implications for cognition, emotion and motivation [J]. Psychological Review, 1991, 98 (4): 224-253.

[89] Martin B., Simintiras A. C. The impact of green product lines on the environment: Does what they know affect how they feel? [J]. Marketing Intelligence &

Planning, 1995, 13 (4): 16-23.

[90] Martinsson J., Lundqvist L. J., Sundstrom A. Energy saving in Swedish households: The (relative) importance of environmental attitudes [J]. Energy Policy, 2011, 39 (9): 5182-5191.

[91] McMillan E. E., Wright T., Beazley K. Impact of a university-level environmental studies class on students' values [J]. Journal of Environmental Education, 2004, 35 (3): 19-27.

[92] Meneses G. D. Refuting fear in heuristics and in recycling promotion [J]. Journal of Business Research, 2010, 63 (2): 104-110.

[93] Milyavskya M., Rcoch J., et al. Seeking social connectedness: Interdependent sclf-construal and impression formation using photographic cucs of social connectedness [J]. Journal of Social Psychology, 2010, 150 (6): 689-702.

[94] Mintz K. K., Henn, Park J, et al. What predicts household waste management behaviors? Culture and type of behavior as moderators [J]. Resources Conservation and Recycling, 2019, 145 (6): 11-18

[95] Ndiaye D., Gabriel K. Principal component analysis of the electricity consumption in residential dwellings [J]. Energy and Buildings, 2011, 43 (2-3): 446-453.

[96] Nolan J. M. The cognitive ripple of social norms communications [J]. Group Processes and Intergroup Relations, 2011, 14 (5): 689-702.

[97] Nordlund A. M., Garvill J. Value Structures behind Proenvironmental Behavior [J]. Environment & Behavior, 2002, 34 (6): 740-756.

[98] Ölander F., Thøgersen J. Understanding of consumer behaviour as a prerequisite for environmental protection [J]. Journal of Consumer Policy, 1995, 18 (4): 345-385.

[99] Onwezen M. C., Antonides G., Bartels J. The norm activation model: An exploration of the functions of anticipated pride and guilt in pro-environmental behavior [J]. Journal of Economic Psychology, 2013 (39): 141-153.

[100] Orbell S., Sheeran P. "Inclined abstainers": A problem for predicting health-related behavior [J]. British Journal of Social Psychology, 1998, 37 (2): 151-165.

[101] Ouyang J., Hokao K. Energy-saving potential by improving occupants'

behavior in urban residential sector in Hangzhou City, China [J]. Energy and Buildings, 2009 (41): 711-720.

[102] Parker P., Rowlands I., Scott D. Who changes consumption following residential energy evaluations local programs need all income groups to achieve Kyoto targets [J]. Local Environent, 2005 (10): 173-187.

[103] Per Anker-Nilssen. Household energy use and the environment—A conflicting issue [J]. Applied Energy, 2003 (76): 189-196.

[104] Prasanna A., Patel M. K., Mahmoodi J., et al. Recent experiences with tariffs for saving electricity in households [J]. Energy Policy, 2018 (115): 514-522.

[105] Poortinga W., Steg L., Vlek C., et al. Household preferences for energy-saving measures: A conjoint analysis [J]. Journal of Economic Psychology, 2003, 24 (1): 49-64.

[106] Poortinga W., Steg L., Vlek C. Values, environmental concern, and environmental behavior: A study into household energy use [J]. Environmental Behavior, 2004 (36): 70-93.

[107] Price J. C., Walker I. A., Boschetti F. Measuring cultural values and beliefs about environment to identify their role in climate change responses [J]. Journal of Environmental Psychology, 2014, 37 (3): 8-20.

[108] Raaij W. F. V., Verhallen T. M. M. A behavioral model of residential energy use [J]. Journal of Economic Psychology, 1983, 3 (1): 39-63.

[109] Reiss P. C., White M. W. Evaluating welfare with nonlinear prices [Z]. NBER Working Paper Series, 2006.

[110] Rhodes R. E., Bruijn G. J. D. How big is the physical activity intention-behaviour gap? A meta-analysis using the action control framework [J]. British Journal of Health Psychology, 2013, 18 (2): 296-309.

[111] Rhodes R. E., Dickau L. Experimental evidence for the intention - behavior relationship in the physical activity domain: A meta-analysis [J]. Health Psychology, 2012, 31 (6): 724-727.

[112] Ru X, Wang S, Yan S. Exploring the effects of normative factors and perceived behavioral control on individual's energy-saving intention: An empirical study in eastern China [J]. Resources, Conservation and Recycling, 2018 (134): 91-99.

[113] Ryan A. M. ANU-Digital Collections: An exploration of the descriptive

validity of surveys designed to measure psychological and economic definitions of environmental value [D]. Australian National University: Canberra, 2012.

[114] Sardianou E. Estimating energy conservation patterns of Greek households [J]. Energy Policy, 2007, 35 (7): 3778-3791.

[115] Schahn J., Holzer E. Studies of Individual environmental concern: The role of knowledge, gender, and background variables [J]. Environment and Behavior, 1990, 22 (6): 767-786.

[116] Schultz P. W., Zelezny L. Values as predictors of environmental attitudes [J]. Journal of Environmental Psychology, 1999, 19 (3): 255-276.

[117] Schultz P. W., Shriver C., Tabanico J. J., et al. Implicit connections with nature [J]. Journal of Environmental Psychology, 2004, 24 (1): 31-42.

[118] Scott D., Parker P., Rowlands I. H. Determinants of energy efficiency behaviours in the home [J]. Environments, 2000, 28 (3): 73-76.

[119] Seligman C., Kriss M., Darley J., et al. Predicting summer energy consumption from homeowners' attitudes [J]. Journal of Applied Social Psychology, 1979 (9): 70-90.

[120] Sheeran P., Orbell S. Do intentions predict condom use? Meta-analysis and ex-amination of six moderator variables [J]. British Psychological Society, 1998, 37 (2): 231-250.

[121] Sheeran P., Trafimow D., Armitage C. J. Predicting behavior from perceived behavioral control: Tests of the accuracy assumption of the theory of planned behavior [J]. British Journal of Social Psychology, 2003 (42): 393-410.

[122] Shen J., Saijo T. Does an energy efficiency label alter consumers' purchasing decisions? A latent class approach based on a stated choice experiment in Shanghai [J]. Journal of Environmental Management, 2009, 90 (11): 3561-3573.

[123] Shi D., Wang L., Wang Z. What affects individual energy conservation behavior: Personal habits, external conditions or values? An empirical study based on a survey of college students [J]. Energy Policy, 2019, 128 (5): 150-161.

[124] Sia A. P., Hungerford H. R., Tomera A. N. Selected predictors of responsible environmental behavior: An analysis [J]. The Journal of Environmental Education, 1986, 17 (2): 31-40.

[125] Smith J. R., Louis W. R. Do as we say and as we do: The interplay of

descriptive and injunctive group norms in the attitude-behaviour relationship [J]. British Journal of Social Psychology, 2008, 47 (4): 647-666.

[126] Smith S. M., Haugtvedt C. P., Petty R. E. Attitudes and recycling: Does the measurement of affect enhance behavioral prediction? [J]. Psychology and Marketing, 1994, 11 (4): 359-374.

[127] Steg L. Promoting household energy conservation [J]. Energy Policy, 2008, 36 (12): 4449-4453.

[128] Stern P. C., Dietz T., Abel T., et al. A value-belief-norm theory of support for social movements: The case of environmentalism [J]. Human Ecology Review, 1999, 6 (2): 81-97.

[129] Stern P. C. Toward a coherent theory of environmentally significant behavior [J]. Journal of Social Issues, 2000, 56 (3): 407-424.

[130] Stern P. C., Dietz T., Abel T., et al. A value-belief-norm theory of support for social movements: The case of environmentalism [J]. Research in Human Ecology, 1999, 6 (2): 81-97.

[131] Straughan R. D., Roberts J. A. Environmental segmentation alternatives: A look at green consumer behavior in the new millennium [J]. Journal of Consumer Marketing, 1999, 16 (6): 558-575.

[132] Sun Y., Song J. B., Song D. R. An empirical study on influencing factors of residents' environmental behavior [J]. Journal of Management, 2012, 1 (9): 144-150.

[133] Sütterlina B., Brunnerb T. A., Siegristc M. Who puts the most energy into energy conservation? A segmentation of energy consumers based on energy- related behavioural characteristics [J]. Energy Policy, 2011, 39 (12): 8137-8152.

[134] Testa F., Cosic A., Iraldo F. Determining factors of curtailment and purchasing energy related behaviours [J]. Journal of Cleaner Production, 2015 (112): 3810-3819.

[135] Ueno T., Inada R., Saeki O., et al. Effectiveness of an energy-consumption information system for residential buildings [J]. Applied Energy, 2006, 83 (8): 868-883.

[136] Umit R., Poortinga W., Jokinen P., et al. The role of income in energy efficiency and curtailment behaviours: Findings from 22 European countries [J]. En-

ergy Research & Social Science, 2019 (53): 206-214.

[137] Van D A. Households and their spatial-energetic practices searching for sustainable urban forms [D] . Netherlands: University of Groningen, 2000.

[138] Verhallen T. M. M. , Raaij W. F. V. Household behavior and the use of natural gas for home heating [J]. Journal of Consumer Research, 1981, 8 (3): 253-257.

[139] Verplanken B. , Aarts H. Habit, attitude, and planned behavior: Is habit an empty construct or an interesting case of goal-directed automaticity? [J]. European Review of Social Psychology, 1999, 10 (1): 101-134.

[140] Vringer K. , Aalbers T. , Blok K. Household energy requirement and value patterns [J]. Energy Policy, 2007, 35 (1): 553-566.

[141] Walsh M. Energy tax credits and housing improvement [J]. Energy Economics, 1989, 11 (4): 275-284.

[142] Wang J. M. , Yam R. C. M. , Tang E. P. Y. Ecologically conscious behaviour of urban Chinese consumers: The Implications to public policy in China [J]. Journal of Environmental Planning & Management, 2013, 56 (7): 982-1001.

[143] Wang Z. , Zhang B. , Yin J. , et al. Determinants and policy implications for household electricity-saving behaviour: Evidence from Beijing, China [J]. Energy Policy, 2011, 39 (6): 3550-3557.

[144] Wang X. , Tu M. , Yang R. , et al. Determinants of pro-environmental consumption intention in rural China: The role of traditional cultures, personal attitudes and reference groups [J]. Asian Journal of Social Psychology, 2016, 19 (3): 215-224.

[145] Ward D. O. , Clark C. D. , Jensen K. L. , et al. Factors influencing willingness-to-pay for the energy starr iabel [J]. Energy Policy, 2011 (39): 1450-1458.

[146] Webb T. L. , Sheeran P. Does changing behavioral intentions engender behavior change? A meta-analysis of the experimental evidence [J]. Psychological bulletin, 2006, 132 (2): 249-268.

[147] Webb D., Soutar G. N., Mazzarol T., et al. Self-determination theory and consumer behavioural change: Evidence from a household energy-saving behaviour study [J]. Journal of Environmental Psychology, 2013, 35 (9): 59-66.

[148] Wei Y., Liu L., Fan Y., et al. The impact of lifestyle on energy use and CO_2 emission: An empirical analysis of China's residents [J]. Energy Policy, 2007 (35): 247-257.

[149] Westaby J. D. Behavioral reasoning theory: Identifying new linkages underlying intentions and behavior [J]. Organizational behavior and human decision processes, 2005, 98 (2): 97-120.

[150] Whan P. C., Parker L. V. Students and housewives: Differences in susceptibility to reference group influence [J]. Journal of Consumer Research, 1977, 4 (2): 102-110.

[151] Wood W., Neal D. T. A new look at habits and the habit-goal interface [J]. Psychological Review, 2007, 114 (4): 843-863.

[152] Yadav R., Pathak G. S. Determinants of consumers' green purchase behavior in a developing nation: Applying and extending the theory of planned behavior [J]. Ecological Economics, 2017 (134): 114-122.

[153] Yang S., Zhang Y. B., Zhao D. T. Who exhibits more energy-saving behavior in direct and indirect ways in China? The role of psychological factors and socio-demographics [J]. Energy Policy, 2016 (93): 196-205.

[154] Yang S., Shipworth M., Huebner G. His, hers or both's? The role of male and female's attitudes in explaining their home energy use behaviours [J]. Energy and Buildings, 2015 (96): 140-148.

[155] Yue T., Long R. Y., Chen H. Factors influencing energy-saving behavior of urban households in Jiangsu Province [J]. Energy Policy, 2013 (62): 665-675.

[156] Zhao H. H., Gao Q., Wu Y. P., et al. What affects green consumer behavior in China? A case study from Qingdao [J]. Journal of Cleaner Production, 2014, 63 (2): 143-151.

[157] Zhao T. T., Bell L., Homer M. W., et al. Consumer responses towards home energy financial incentives: A survey-based study [J]. Energy Policy, 2012 (47): 291-297.

[158] Zhao X. Y., Cheng H. H., Zhao H. L., et al. Survey on the households' energy-saving behaviours and influencing factors in the rural loess hilly region of China [J]. Journal of Cleaner Production, 2019, 230 (25): 547-556.

[159] Zimmer M. R., Stafford T. F., Stafford M. R. Green issues: Dimensions of environmental concern [J]. Journal of Business Research, 1994, 30 (1): 63-74.

[160] 蔡昉，都阳，王美艳．经济发展方式转变与节能减排内在动力 [J]. 经济研究，2008 (6): 4-11.

[161] 蔡建林，周梅华，张红红．低碳创新产品消费者采用意愿影响因素实证研究——以新能源汽车为例 [J]. 消费经济，2012 (3): 23-26.

[162] 曾鸣，李娜，刘超．基于效用函数的居民阶梯电价方案的节电效果评估 [J]. 华东电力，2011 (8): 1215-1219.

[163] 曾鸣．基于效用函数的居民阶梯电价方案的节电效果评估 [J]. 华东电力，2011，39 (8): 1215-1219.

[164] 陈飞宇．城市居民垃圾分类行为驱动机理及政策仿真研究 [D]. 中国矿业大学博士学位论文，2018.

[165] 陈凯，郭芬，赵占波．绿色消费行为心理因素的作用机理分析——基于绿色消费行为心理过程的研究视角 [J]. 企业经济，2013，32 (1): 124-128.

[166] 陈利顺．城市居民能源消费行为研究 [D]. 大连理工大学博士学位论文，2009.

[167] 陈诗一．能源消耗、二氧化碳排放与中国工业的可持续发展 [J]. 经济研究，2009 (4): 41-55.

[168] 陈则谦．MOA 模型的形成、发展与核心构念 [J]. 图书馆学研究，2013 (13): 53-57.

[169] 程胜．中国农村能源消费及能源政策研究 [D]. 华中农业大学博士学位论文，2009.

[170] 仇保兴．发展节能与绿色建筑刻不容缓 [J]. 中国经济周刊，2005 (9): 11.

[171] 仇焕广，严健标，江颖，等．中国农村可再生能源消费现状及影响因素分析 [J]. 农业经济问题，2015，17 (3): 10-15.

[172] 仇焕广，严健标，蔡亚庆，等．我国专业畜禽养殖的污染排放与治理对策分析——基于五省调查的实证研究 [J]. 农业技术经济，2012 (5): 29-35.

[173] 德尔·I. 霍金斯，戴维·L. 马瑟斯博．消费者行为学 [M]. 符国群，吴振阳等译．北京：机械工业出版社，2013.

[174] 丁丽萍，帅传敏，李文静，等．基于 SEM 的公众太阳能光伏发电认知和采纳意愿的实证研究 [J]. 资源科学，2015，37 (7): 1414-1423.

[175] 丁志华，刘振华，冯猜猜，等．城乡居民能源消费行为差异性分析——以江苏省为例［J］．商业经济研究，2016（3）：41-43.

[176] 冯潇，薛永基，刘欣禺．生态知识对林区农户生态保护行为影响的实证研究——生态情感与责任意识的中间作用［J］．资源开发与市场，2017，33（3）：284-288.

[177] 高建卫．北京农村地区居住建筑的适用节能措施分析［J］．天津大学学报（社会科学版），2009，11（5）：420-423.

[178] 龚文娟．当代城市居民环境友好行为之性别差异分析［J］．中国地质大学学报（社会科学版），2008，8（6）：37-42.

[179] 郭琪，樊丽明．城市家庭节能措施选择偏好的联合分析——对山东省济南市居民的抽样调查［J］．中国人口·资源与环境，2007，17（3）：49-153.

[180] 郭琪．公民节能行为的经济分析及政策引导研究［D］．山东大学博士学位论文，2007.

[181] 郭晓．规模化畜禽养殖业控制外部环境成本的补贴政策研究［D］．西南大学博士学位论文，2012.

[182] 何露，张永勋，闵庆文，等．三江源移民安置区居民对太阳能资源的认知、使用意愿及其影响因素研究［J］．资源科学，2012，34（11）：2026-2033.

[183] 贺爱忠，杜静，陈美丽．零售企业绿色认知和绿色情感对绿色行为的影响机理［J］．中国软科学，2013（4）：117-127.

[184] 胡浩，张晖，岳丹萍．规模养猪户采纳沼气技术的影响因素分析——基于对江苏 121 个规模养猪户的实证研究［J］．中国沼气，2008（5）：21-25.

[185] 姜维军，颜廷武．能力和机会双轮驱动下农户秸秆还田意愿与行为一致性研究——以湖北省为例［J］．华中农业大学学报（社会科学版），2020（1）：47-55.

[186] 赖良玉，滕玉华，刘长进．外部因素如何影响农户清洁能源初次应用行为——来自农户微观数据实证［J］．科技管理研究，2017，37（11）：224-228.

[187] 劳可夫，王露露．中国传统文化价值观对环保行为的影响——基于消费者绿色产品购买行为［J］．上海财经大学学报，2015，17（2）：64-75.

[188] 李卫兵，陈妹．收入对居民环境意识的影响：绝对水平和相对地位［J］．当代财经，2017（1）：16-26.

[189] 李世财，刘长进，滕玉华．农村居民住宅节能投资行为发生机制研究［J］．江西财经大学学报，2020（2）：76-85.

[190] 李岩岩，赵湘莲，陆敏．碳税与能源补贴对我国农村能源消费的影响分析［J］．农业经济问题，2013（8）：100-104.

[191] 李艳梅，张雷．中国居民间接生活能源消费的结构分解分析［J］．资源科学，2008（6）：890-895.

[192] 李艳梅，张雷．中国能源消费增长原因分析与节能途径探讨［J］．中国人口·资源与环境，2008（3）：83-87.

[193] 栗晓红．社会人口特征与环境关心：基于农村的数据［J］．中国人口·资源与环境，2011，21（12）：121-128.

[194] 林伯强，姚昕，刘希颖．节能和碳排放约束下的中国能源结构战略调整［J］．中国社会科学，2010（1）：58-71.

[195] 刘长进，滕玉华，张轶之．农村居民清洁能源应用意愿与行为一致性分析——基于江西省的调查数据［J］．湖南农业大学学报（社会科学版），2017，18（6）：13-19.

[196] 刘文兴，汪兴东，陈昭玖．农村居民生态消费意识与行为的一致性研究——基于江西生态文明先行示范区的调查［J］．农业经济问题，2017，38（9）：37-49.

[197] 刘晓君，强国凤．基于政策工具视角的建筑节能政策评价［J］．城市问题，2019（10）：83-89.

[198] 陆歆弘．城市居民居住节能行为与意识实证研究［J］．城市问题，2012（3）：19-24.

[199] 陆莹莹，赵旭．基于TPB理论的居民废旧家电及电子产品回收行为研究：以上海为例［J］．管理评论，2009，21（8）：85-94.

[200] 吕荣胜，李梦楠，洪帅．基于计划行为理论城市居民节能行为影响机制研究［J］．干旱区资源与环境，2016，30（12）：53-58.

[201] 马果，王璇，陈静，等．城镇消费者节能家电购买行为及影响因素研究［J］．重庆大学学报（社会科学版），2012，18（6）：36-45.

[202] 芈凌云，顾曼，杨洁，等．城市居民能源消费行为低碳化的心理动因——以江苏省徐州市为例［J］．资源科学，2016，38（4）：609-621.

[203] 芈凌云，俞学燕，杨洁．知识型消费者新能源汽车购买行为影响因素研究——基于扎根理论的探索［J］．企业经济，2018（4）：19-26.

[204] 芈凌云．居民能源消费行为低碳化的政策工具选择与优化［M］．北京：科学出版社，2018.

[205] 芈凌云．城市居民低碳化能源消费行为及政策引导研究［D］．中国矿业大学博士学位论文，2011.

[206] 牛云翥，牛叔文，张馨，等．家庭能源消费与节能减排的政策选择［J］．天津大学学报（社会科学版），2013（5）：45-55.

[207] 欧阳斌，袁正，陈静思．我国城市居民环境意识、环保行为测量及影响因素分析［J］．经济地理，2015，35（11）：179-183.

[208] 彭聃龄．普通心理学［M］．北京：北京师范大学出版社，1988.

[209] 彭纪生，孙文祥，仲为国．中国技术创新政策演变与绩效实证研究（1978-2006）［J］．科研管理，2008，29（4）：134-150.

[210] 彭新宇．畜禽养殖污染防治的沼气技术采纳行为及绿色补贴政策研究［D］．中国农业科学院博士学位论文，2007.

[211] 彭远春．国外环境行为影响因素研究述评［J］．中国人口·资源与环境，2013，23（8）：140-145.

[212] 秦翊．中国居民生活能源消费研究［D］．山西财经大学博士学位论文，2013.

[213] 曲英．城市居民生活垃圾源头分类行为研究［D］．大连：大连理工大学，2007.

[214] 任重，陈英华．农户生活废弃物处置行为及其影响因素研究［J］．干旱区资源与环境，2018，32（10）：82-87.

[215] 申嫦娥，田悦，魏荣桓，等．财税政策对居民低碳消费行为的影响——基于北京市居民抽样问卷调查的实证研究［J］．税务研究，2016（2）：98-104.

[216] 盛光华，龚思羽，解芳．中国消费者绿色购买意愿形成的理论依据与实证检验——基于生态价值观、个人感知相关性的 TPB 拓展模型［J］．吉林大学社会科学学报，2019，59（1）：140-151.

[217] 史丹．中国能源效率的地区差异与节能潜力分析［J］．中国工业经济，2006（10）：49-58.

[218] 史清华，彭小辉，张锐．中国农村能源消费的田野调查——以晋黔浙三省 2253 个农户调查为例［J］．管理世界，2014（5）：80-91.

[219] 宋妮妮．社会资本促进了居民环境意识的提高吗？——基于 CGSS

的研究［J］. 资源开发与市场，2018，34（8）：1163-1167.

［220］孙传旺，林伯强．中国工业能源要素配置效率与节能潜力研究［J］. 数量经济技术经济研究，2014，31（5）：86-99.

［221］孙岩，武春友．环境行为理论研究评述［J］. 科研管理，2007，28（3）：108-113.

［222］滕玉华，刘长进，陈燕，等．基于结构方程模型的农户清洁能源应用行为决策研究［J］. 中国人口·资源与环境，2017，27（9）：186-195.

［223］滕玉华．农户清洁能源应用行为形成机制与推进政策研究［M］. 北京：经济管理出版社，2019.

［224］滕玉华，张轶之，高雪萍．农村居民应用和推广清洁能源意愿影响因素研究——采用江西省 695 份样本数据的经验分析［J］. 西部论坛，2018，28（3）：17-24.

［225］滕玉华，张轶之，刘长进，等．基于 ISM 的农村居民能源削减行为影响因素研究策研究［J］. 干旱区资源与环境，2020，34（3）：27-32.

［226］汪克亮，杨宝臣，杨力．基于环境效应的中国能源效率与节能减排潜力分析［J］. 管理评论，2012，24（8）：40-50.

［227］汪兴东，景奉杰．城市居民低碳购买行为模型研究——基于五个城市的调研数据［J］. 中国人口·资源与环境，2012，22（2）：47-55.

［228］王丹丹．消费者绿色购买行为影响机理实证研究［J］. 统计与决策，2013（9）：116-118.

［229］王国猛，黎建新，廖水香．个人价值观、环境态度与消费者绿色购买行为关系的实证研究［J］. 软科学，2010，24（4）：135-140.

［230］王火根，黄弋华，包浩华，等．基于 Logit-ISM 模型的农户生物质能利用意愿影响因素分析［J］. 干旱区资源与环境，2018，32（10）：39-44.

［231］王建国，杜伟强．基于行为推理理论的绿色消费行为实证研究［J］. 大连理工大学学报（社会科学版），2016，37（2）：13-18.

［232］王建明，王俊豪．公众低碳消费模式的影响因素模型与政府管制政策——基于扎根理论的一个探索性研究［J］. 管理世界，2011（4）：58-68.

［233］王建明，吴龙昌．积极情感、消极情感对绿色购买行为的影响——以节能环保家电的购买为例［J］. 消费经济，2015，31（2）：42-47.

［234］王建明，吴龙昌．家庭节水行为响应机制研究：道家价值观视阈下的 TPB 拓展模型［J］. 财经论丛，2016（5）：105-113.

［235］王建明，吴龙昌．绿色购买的情感—行为双因素模型：假设和检验［J］．管理科学，2015，28（6）：80-94.

［236］王建明，赵青芳．道家价值观对消费者循环回收行为影响的统计检验［J］．统计与决策，2017（18）：119-123.

［237］王建明，郑冉冉．心理意识因素对消费者生态文明行为的影响机理［J］．管理学报，2011，8（7）：1027-1035.

［238］王建明．公众低碳消费行为影响机制和干预路径整合模型［M］．北京：中国社会科学出版社，2012.

［239］王建明．环境情感的维度结构及其对消费碳减排行为的影响——情感—行为的双因素理论假说及其验证［J］．管理世界，2015（12）：82-95.

［240］王建明．资源节约意识对资源节约行为的影响——中国文化背景下一个交互效应和调节效应模型［J］．管理世界，2013（8）：77-90.

［241］王莉，杨继瑞，孙建华．公共建筑节能经济激励政策研究［J］．社会科学研究，2015（3）：134-136.

［242］王琪延，侯鹏．北京城市居民环境行为意愿研究［J］．中国人口·资源与环境，2010，20（10）：61-67.

［243］王效华，郝先荣，金玲．基于典型县入户调查的中国农村家庭能源消费研究［J］．农业工程学报，2014，30（14）：206-212.

［244］韦庆旺，孙健敏．对环保行为的心理学解读——规范焦点理论述评［J］．心理科学进展，2013，21（4）：751-760.

［245］魏楚．工业能源效率、节能潜力与影响因素——基于浙江省的实证分析［J］．学习与实践，2010（3）：16-25.

［246］闻晓军，汪波．绿色住宅消费选择的实证研究［J］．经济与管理研究，2012（12）：58-65.

［247］吴刚，房斌，魏一鸣．北京市居民消费行为和节能意识调查分析［J］．中国能源，2011，33（4）：37-41.

［248］吴建宏．基于社会均衡的居民阶梯电价定价模型及政策模拟研究［D］．华北电力大学博士学位论文，2013.

［249］伍亚，张立．阶梯电价政策的居民节能意愿与节能效果评估——基于广东案例的研究［J］．财经论丛，2015（9）：98-104.

［250］武春友，孙岩．环境态度与环境行为及其关系研究的进展［J］．预测，2006，25（4）：61-65.

[251] 武玉英，申阳，严峰．通过多元回归分析农村分布式可再生能源选择行为的研究——基于对河北省高家庄的调查分析［J］．中国农学通报，2012（8）：248-253.

[252] 谢双玉，杨毅，潘霖，等．城市居民对节能减排政策的响应度及其影响因素研究［J］．华中师范大学学报（自然科学版），2012，46（3）：358-362.

[253] 徐林，凌卯亮，卢昱杰．城市居民垃圾分类的影响因素研究［J］．公共管理学报，2017，14（1）：142-153.

[254] 薛彩霞，姚顺波，李桦．秦巴山区农户茶叶种植废弃物亲环境处理行为研究［J］．农业工程学报，2019，35（22）：200-208.

[255] 杨红亮，史丹，肖洁．自然环境因素对能源效率的影响——中国各地区的理论节能潜力和实际节能潜力分析［J］．中国工业经济，2009（4）：73-84.

[256] 杨建州，高敏挥，张平海，等．农业农村节能减排技术选择影响因素的实证分析［J］．中国农学通报，2009，25（23）：406-412.

[257] 杨君茹，王宇．基于计划行为理论的城镇居民家庭节能行为研究［J］．财经论丛，2018（5）：105-112.

[258] 杨冉冉．城市居民绿色出行行为的驱动机理与政策研究［D］．中国矿业大学博士学位论文，2016.

[259] 杨树．中国城市居民节能行为及节能消费激励政策影响研究［D］．中国科学技术大学博士学位论文，2015.

[260] 杨晓冬，武永祥．绿色住宅选择行为的因素分析及关系研究［J］．中国软科学，2017（1）：175-182.

[261] 尹小兰．美国以提高能效作为“第一能源”的实践及启示［J］．宏观经济管理，2015（4）：90-92.

[262] 于启武．北京城镇居民节能电器消费及节能效果分析［J］．北京工商大学学报（社会科学版），2012（6）：96-103.

[263] 于伟．消费者绿色消费行为形成机理分析——基于群体压力和环境认知的视角［J］．消费经济，2009，25（4）：75-77.

[264] 余晓婷，吴小根，张玉玲，等．游客环境责任行为驱动因素研究——以台湾为例［J］．旅游学刊，2015，30（7）：49-59.

[265] 岳婷，龙如银，戈双武．江苏省城市居民节能行为影响因素模型——基于扎根理论［J］．北京理工大学学报（社会科学版），2013（1）：34-39.

[266] 岳婷. 城市居民节能行为影响因素及引导政策研究 [D]. 中国矿业大学博士学位论文，2014.

[267] 张国兴，高秀林，汪应洛，等. 中国节能减排政策的测量、协同与演变——基于1978-2013年政策数据的研究 [J]. 中国人口·资源与环境，2014 (12)：62-73.

[268] 张国兴，高秀林，汪应洛，等. 我国节能减排政策协同的有效性研究：1997-2011 [J]. 管理评论，2015，27 (12)：3-17.

[269] 张磊，蒋景肖，高伟，等. 低碳能源技术在我国农村地区扩散中的口碑效应研究——以太阳能热水器为例 [J]. 软科学，2012，26 (4)：39-43.

[270] 张磊. 低碳能源技术在我国农村地区扩散中的口碑效应研究——以太阳能热水器为例 [J]. 天津大学学报（社会科学版），2012，26 (4)：39-43.

[271] 张梦霞. 绿色购买行为的道家价值观因素分析——概念界定、度量、建模和营销策略建议 [J]. 经济管理，2005 (4)：34-41.

[272] 张天舒. 中国文化背景下消费者价值观对绿色消费意愿影响机制研究 [D]. 中国矿业大学博士学位论文，2017.

[273] 张轶之，刘长进，滕玉华. 异质性节能情感对农村居民节能行为的影响研究 [J]. 生态经济，2020，36 (7)：126-130.

[274] 张毅祥，王兆华. 基于计划行为理论的节能意愿影响因素——以知识型员工为例 [J]. 北京理工大学学报（社会科学版），2012，14 (6)：7-13.

[275] 赵晓丽，洪东悦. 开放经济条件下中国节能政策交叉效果分析 [J]. 亚太经济，2010 (4)：93-98.

[276] 郑军. 我国农村沼气国债项目：政策特征、政策绩效与政策优化 [J]. 农业经济问题，2012 (7)：55-62.

[277] 周慧，张莹杰. 居民家庭节能投资中的能源效率缺口 [J]. 中国人口·资源与环境，2015，25 (4)：132-140.

[278] 周曙东，崔奇峰，王翠翠. 农牧区农村家庭能源消费数量结构及影响因素分析——以内蒙古为例 [J]. 资源科学，2009 (4)：696-702.

[279] 周志方，聂磊，沈宜蓉，等. 企业低碳意识对低碳行为的影响机制研究——基于“意识—情境—行为”视角 [J]. 北京理工大学学报（社会科学版），2019，21 (5)：30-43.

[280] 朱四海. 中国农村能源政策：回顾与展望 [J]. 农业经济问题，2007 (9)：20-25.

后　记

本书是国家自然科学基金地区项目“农村居民节能行为形成机理与节能激励政策研究——基于江西的抽样调查”（项目批准号：71663032）的研究成果之一。在项目进行过程中，江西农业大学经济管理学院唐茂林博士、江西师范大学戴步云博士、江西师范大学商学院熊小明博士和陈武博士、江西师范大学财政金融学院钟成林博士提出了许多颇有建设性的意见，在此一并表示感谢。感谢江西农业大学硕士研究生张天东和李观祥、深圳大学硕士研究生魏子涵等在课题研究中的辛勤付出。感谢江西农业大学经济管理学院和江西师范大学商学院参与本项目调研的本科生和硕士研究生。

借本书出版之际，感谢江西师范大学商学院为项目的顺利进行提供了良好的工作环境和研究氛围；感谢江西师范大学区域创新与创业研究中心；特别感谢经济管理出版社丁慧敏等同志的大力支持和辛勤付出。